零艱澀理論，零刻板教條

邏輯學
哪有這麼難

十六位邏輯大師用最幽默的生活語言
道出最深奧的邏輯學

齊露露

U0087236

目錄

目錄

目錄

目錄

序一

　　邏輯學是對思維規律的研究，邏輯和邏輯學的發展，經歷了具象邏輯—抽象邏輯—具象邏輯與抽象邏輯相統一的對稱邏輯，這三大階段。

　　可以這樣說，邏輯學就是一門研究思維的學科，所有的思維都包含內容和形式這兩個方面。思維內容指的是思維反映的對象及其屬性；而思維形式則是指反映對象及其屬性的不同方式，即表達思維內容的不同方式。

　　從邏輯學方面來看，抽象思維包含三種基本形式，即概念、命題和推理；同時，邏輯學又有狹義和廣義之分。

　　狹義的邏輯學專門指代研究推理的科學，即僅研究如何從前提推導結果的科學。

　　廣義的邏輯學是一種研究思維形式、思維規律和思維邏輯方法的科學。廣義的邏輯學研究的範圍較狹義的邏輯學的範圍更大，是一種傳統的認知，與哲學研究有很大的關係。整個邏輯學科的體系是十分龐大複雜的，如傳統的、現代的、辯證的、演繹的、歸納的、類比的、經典的、非經典的等等。

　　邏輯學作為一門科學的邏輯是非常古老，歷史悠久，源遠流長。邏輯學有三大源頭：古希臘的形式邏輯、中國先秦的名辯邏輯和古印

序一

度的因明學。但其在應用上又是非常年輕的，不受年代的限制。

邏輯學是一門基礎性的學科，在研究邏輯學基本理論時，更講究其學科普遍適用的原則和方法。同時，邏輯學又是一門工具性的學科，它為包括基礎學科在內的一切學科提供邏輯分析、邏輯批判、邏輯推理、邏輯論證的工具。邏輯學的重要性在這裡也可見一斑。

面對「邏輯學」這個龐大的科學概念，你是否會感到困惑和迷茫？在聽到一系列邏輯學思維、分析和推論時，你是否覺得毫無頭緒，手足無措？

其實，了解邏輯學並不難，邏輯學也可以變得妙趣橫生，本書就是這樣一本通俗的大眾邏輯學讀物。能夠引導每一位讀者入門，不管是對邏輯學略知一二，還是根本就是零基礎，本書都能讓你從此之後，對邏輯學不再望而生畏。

本書包含邏輯學基礎原理、邏輯學常用術語、論辯指南、奠定思維邏輯的基石、邏輯的弔詭、非邏輯思維的根源、邏輯學中的另類系統、數與量之間的邏輯、邏輯之奇葩悖論、語言與人際溝通、邏輯的生長和變動等內容，可以說包羅萬象，是邏輯學愛好者的讀本。

當前，邏輯學也面臨了全新的形式，因此，對於新出現的邏輯學問題，本書也為讀者做出了詳細的解讀，這是新形勢下讀者的需要，也是我們對邏輯學的延伸和拓展。

此外，本書還有六大特色：只講邏輯常識，以實用性為主；採用課堂手法，講解邏輯學知識；給出有趣的邏輯現象；將邏輯學專業術

語化繁為簡;深入淺出地解析邏輯理論;配以圖片,讓讀者更容易理解。

　　邏輯學是一門讓人收穫智慧與幸福的藝術。當你在社會交往時,最優先考慮的一定是邏輯學。因為邏輯學跟你的生活息息相關,無論是學習、工作、婚姻、社交等,邏輯學知識和原理無處不在。

　　本書的重點不在於教授讀者那些深奧的理論,或者讓讀者學習繁雜的知識來分析邏輯問題,而在於逐步引導讀者,讓讀者能像邏輯學家一樣思考,用邏輯學家的思維去思考問題,用邏輯學方式解決問題。

　　本書能讓你學會選擇,做出正確的決策,理性生活,游刃有餘。

　　邏輯學是聰明人的選擇,請翻開本書,開始你的邏輯學之旅吧。我們期待與你有更進一步的交流!

序二

張時萌是一名年輕的律師，雖然她在平日裡嚴格要求自己，但總覺得在辯護的時候有些力不從心。張時萌有一個後輩同事，剛畢業才幾個月的時間，卻在整個律師事務所小有名氣，這也讓張時萌十分羨慕。

一天，張時萌剛結束了手頭上的案子，恰好看到這個後輩同事從事務所出來，於是張時萌便盛情邀請她吃午餐。

席間，張時萌自然而然把話題引到了辯護能力上。張時萌一臉無奈地說：「明明我已經在這行做了兩三年，卻總還覺得有些吃力，你能將辯護工作處理得這麼完美，祕訣究竟是什麼？」

這位後輩同事一聽，對張時萌神祕笑了笑：「我哪有什麼祕訣，不過是有幾位德高望重的前輩提攜罷了。」

張時萌不信：「什麼前輩？我看你跟事務所裡的前輩們都不怎麼親近啊，難道……」

後輩同事趕緊打斷了張時萌：「停！我實話告訴你吧，我是報名了一個邏輯學的班。」

張時萌一撇嘴：「邏輯學的班？你大學可是從 ×× 畢業的吧？這可是邏輯學科系的翹楚大學啊，你還需要上課？什麼課能比專業的還專業？」

後輩同事笑著低聲說：「我這個班上，老師可是不一般……你就相信我吧，保證沒錯！」

張時萌將信將疑地看著眼前的後輩同事，覺得自己肯定是失心瘋了，但是她還是抱著試一試的態度，跟著後輩同事來到了一座古香古色的建築前。

後輩同事對張時萌努了努嘴：「就是這裡了，進來吧！」

張時萌推開了門……

第一章
亞里斯多德導師主講「邏輯的最後防線」

　　本章透過四小節內容，用幽默風趣的文字，以及詼諧易懂的配圖，為讀者詳細講述了邏輯學、真理和表達的關係。其中，羅列了亞里斯多德的基本著作及名言名句，並對其作了詳細的解讀。本章適用於辯論家、學生及渴望提高邏輯思維能力的讀者，相信閱讀本章後，會對你有所幫助！

亞里斯多德

(Aristotle，西元前 384—前 322)

古代先哲，古希臘人，世界古代史上偉大的哲學家、科學家和教育家之一，堪稱希臘哲學的集大成者。他是柏拉圖的學生，亞歷山大的老師。

作為一位百科全書式的科學家，亞里斯多德幾乎對每個學科都做出了貢獻。他的寫作涉及倫理學、形而上學、心理學、經濟學、政治學、教育學、詩歌，以及雅典法律。亞里斯多德的著作構建了西方哲學的第一個廣泛系統，包含道德、美學、邏輯和科學、政治和玄學。

第一節　吾愛吾師，吾更愛真理

站在課堂正中央的，是一位鬚髮雪白的老人，他身上穿了一件亞麻布的長袍，腳上是一雙涼鞋，動作舉止十分誇張。

張時萌一臉黑線的腹誹道：「這難道是什麼模仿秀嗎？」

然而，當老人一開口，張時萌便被深深地吸引住了：「各位午安，我是各位的邏輯學導師，我的名字，叫亞里斯多德。」

張時萌看著周圍人，有上班族，還有一些學生，除了幾個新進來的人外，其他人的表情都是一臉淡定。張時萌的後輩同事對她調皮地眨眨眼，拉著她找了一個地方坐下。

剛坐下，亞里斯多德老師用蒼老的聲音說道：「今天，我在這課堂中，以

各位導師的身分，教授各位邏輯學知識。各位也應當知道，我也有一位著名的老師，他便是柏拉圖。」

眾人聽聞柏拉圖的名字，不由得紛紛點頭。

亞里斯多德老師的眼神裡充滿了憧憬，他說道：「在眾人之中，他是唯一的，也是最初的……這樣的人啊，如今已無處尋覓！」

然而，亞里斯多德老師的深情表白，學生們似乎並不買帳。一位西裝革履的年輕人笑著說道：「亞里斯多德老師，您說您崇敬您的老師柏拉圖，但您在哲學思想的內容和方法上，與您的老師柏拉圖卻存在嚴重的分歧，您甚至不留情面地批評自己恩師的錯誤，這又怎麼解釋呢？」

張時萌不由得暗自咋舌。她已經百分之百相信，眼前的人就是亞里斯多德，這位年輕人如此出言頂撞，亞里斯多德老師難道不會生氣嗎？

張時萌用餘光看了看周圍，果然很多學生的臉上都露出了一絲擔憂。

然而，亞里斯多德老師卻和善地笑了笑：「在探究真理的道路上，我怎麼能畏懼權威和傳統呢？我確實很崇敬我的恩師，但我不能因為他是我的恩師，就對他的錯誤熟視無睹，我不能讓愚敬盲目了自己的雙眼。」（見圖 1-1）

亞里斯多德老師看著一臉若有所思的學生們，用滄桑的嗓音說道：「雖然我是柏拉圖的學生，但卻拋棄了恩師的唯心主義觀點。我的恩師認為，理念就是實物的原型，理念是不依賴於實物而獨立存在於這個世界上的。但我不這

吾愛吾師，吾更愛真理！

圖 1-1　吾愛吾師，吾更愛真理

麼認為，我認為世界就是由各式各樣的東西組成的，它們本身的形式與質料和諧一致地共同組成了這個世界。」

張時萌知道，亞里斯多德老師有一個著名的理論：「質料」即事物的組成材料，而「形式」則是每一件事物的個別特徵。

亞里斯多德老師彷彿看到了張時萌的想法，笑著說道：「就比如一隻撲扇翅膀的雞，這隻雞的『形式』就是牠會撲搧翅膀、會啼叫，或者會下蛋等。當這隻雞死掉時，雞的『形式』也就不存在了，唯一剩下的就是雞的『質料』。」

學生們都紛紛點頭。在現在的科學條件下，大家都知道世界是唯物的，但在古希臘時期，尤其在柏拉圖老師的光芒下，亞里斯多德敢於思考，能向權威抗爭確實是一件很不容易的事情。

亞里斯多德老師的神情很縹緲，似乎思緒已經把他帶回了遙遠的過去。他用滄桑的語氣說道：「柏拉圖老師斷言道，感覺不可能是真實知識的泉源，而我卻認為，知識就是起源於感覺。在當時，我的這些思想已經包含了一些唯物主義的因素。」

張時萌被亞里斯多德老師的語氣和神色深深地感染了，她不由得想到自己在律師事務所的一位前輩。這位前輩是張時萌在大學期間的一位學長，無論是學習還是社團都相當優秀，因而也擁有了一大批校園「粉絲」，張時萌就是其中的一員。

畢業後，張時萌來到了前輩所在的律師事務所，前輩也認出了張時萌，並且在第一天就給了張時萌一個「忠告」：做律師，不是要還原真相，而是要維護你客戶的最佳利益。

第一章　亞里斯多德導師主講「邏輯的最後防線」

張時萌一直把前輩的這句話奉為金玉良言，甚至沒有考慮過這句話是否正確。如今聽了亞里斯多德老師的一番話，張時萌才意識到自己被前輩的「光芒」迷住了雙眼，失去了自己的思考。

亞里斯多德老師說道：「我其實和我的恩師一樣，認為理性方案和目的是一切自然過程的指導原理。可是我對於因果性的看法比我的恩師更為豐富，因為我接受了一些古希臘時期對這個問題的看法。」

有位看起來像學生的女生舉手示意，在得到亞里斯多德老師的允許後，便開口問道：「亞里斯多德老師，請問您公然向恩師的權威進行挑戰，輿論沒有對您產生毀壞性的影響嗎？即便是現在這個年代，對恩師尤其是權威提出挑戰，也會被惡毒的輿論壓得喘不過氣！」

亞里斯多德老師對這位女生笑著擺了擺手，示意她坐下後，很坦然地說道：「當然，我的想法在當時也引來了很多人的指責，他們說『亞里斯多德是背叛自己恩師的忘恩負義之徒』。然而，我對他們只回敬了一句話：『吾愛吾師，吾更愛真理！』」

這句響徹歷史長河的話，也讓在場的學生們的心緒久久不能平息。

第二節　關心邏輯，更關心人生

亞里斯多德老師的「吾愛吾師，吾更愛真理」讓在場學生們的心情久久不能平復。張時萌也從亞里斯多德老師身上學到了邏輯學的第一課：學會自己思考，挖掘真理比討好權威更重要。

亞里斯多德老師席地而坐，對學生們笑道：「雖然我和我的恩師柏拉圖站到了真理的對立面，但不可否認，也正是他成就了今天的亞里斯多德。」

圖 1-2 選擇

一位中年男子挺直了背，對亞里斯多德老師說道：「請問，我們應該如何做，才能像您一樣優秀呢？我不想過沒有意義的人生。」

亞里斯多德老師笑著回答道：「我在很多場合都說過，優秀是一種習慣。至於如何過更有價值的人生，我認為要靠邏輯學。在人生的岔路口，我們都會面臨很多選擇。人生其實說白了，就是邏輯思維的不斷選擇，進而疊加在一起形成的結果。」（見圖 1-2）

大家都紛紛點頭。人生的岔路口太多，需要做的選擇也太多。如果沒有邏輯學基礎，就很有可能做出錯誤的選擇，對自己造成不利的影響，甚至讓自己後悔一生。

亞里斯多德老師接著說道：「有的人在選擇的時候，總喜歡另闢蹊徑，覺得與眾不同的路更能讓自己獲得滿足；有的人則喜歡踏實本分，一步一個腳印地走別人走過的路。我們不能說哪種人生更有意義。其實從機率上來講，懂得邏輯學的人通常會選擇大機率的途徑來完成。」

亞里斯多德老師看著一臉迷惑的學生們，無奈地笑著解釋道：「選擇大機率事件途徑完成一件事，就說明你成功的把握更大。如果你能力不夠，卻還要鋌而走險、兵行險招，走別人未走過的路，沒有可以參考的經驗，失敗的機率和風險就會很大。」

學生們點頭稱是，張時萌自己就是喜歡特立獨行、另闢蹊徑的人。用同

第一章　亞里斯多德導師主講「邏輯的最後防線」

事的話來說，就是「年輕人總愛與眾不同」。如今聽了亞里斯多德老師的一席話，張時萌這才茅塞頓開，發現自己在邏輯學方面還差了十萬八千里。

亞里斯多德老師趁熱打鐵道：「當然，就算你一步一個腳印，按照前人的腳步走，也要注意不要複製前人的經驗。」

一位穿著隨意的年輕人忍不住張口就問：「這又是為何呢？」

亞里斯多德老師攤手道：「我上節課剛說過，你們要學會自主思考啊。各位想一想，經驗是一個人在當時、當地及根據自己的實際情況做出的選擇，每個人的情況都不一樣，遇事時的時間、地點、人物也是不斷變化的，所以經驗是不能複製的，但本質可以複製。認識了事物的本質才更有利於成功。」

大家紛紛頷首表示贊同。

亞里斯多德老師感嘆道：「邏輯學對人生的作用實在是太大了。我經常對人們說，人生頗富機會和變化。人在最得意的時候，會有最大的不幸光臨。這句話在東方也得到了同樣的認證：禍兮福所倚，福兮禍所伏。這些邏輯學都對人生造成了至關重要的作用啊。」

大家都笑了，沒想到這位古希臘的哲學家竟然對中華文化也有著如此高深的造詣。

亞里斯多德老師接著說道：「我是一向講求勤奮努力，大家從我嚴謹的態度就能略知一二。」

學生們沒有腹誹亞里斯多德老師的自戀，因為大家都知道他只是在陳述一個事實。

亞里斯多德老師說道：「在邏輯學中，人生的最終價值在於覺醒和思考的

能力，而不只在於生存。例如，你勤奮努力是為了工作，為了事業有成，為了讓生活更好。事業就是你人生理念和實踐的生動統一。此外，社會交往也是人生一大重點，邏輯也給社交帶來了方法……」

學生們頻頻點頭，可一位梳著馬尾的女生卻打斷了亞里斯多德老師的話：「邏輯學是理性的東西，可是交朋友卻是感性的，用理性思維去交朋友未免有些悲哀吧？」

張時萌心裡也有這樣的疑惑，於是也豎起耳朵聽聽亞里斯多德老師究竟有什麼高論。

亞里斯多德老師絲毫沒有埋怨女生的無禮，而是聲音宏亮的說：「在不幸中，有用的朋友更為必要；在幸運中，高尚的朋友更為必要。在不幸中，尋找朋友出於必需；在幸運中，尋找朋友出於高尚。」

大家聽完亞里斯多德老師的這番話，紛紛沉默了，大家都在探索這番話的意味。張時萌也陷入了沉思。

確實，交朋友的目的有兩種，一種是心靈上的，一種是需求上的。在這個紛擾的世界中，知心好友不多，尤其是步入社會之後，大家交朋友的目的都轉為了更物質的需求。

如今，跟張時萌最常聯繫的不是高中、大學的好友，而是交通局、醫院、教育局等行業的朋友。當然，張時萌也是抱著誠懇的態度去與之結交的，但多多少少還是帶著一絲功利的味道。

亞里斯多德老師又搬出了自己的名言：「羽毛相同的鳥，自會聚在一起；而真正的朋友，是一個靈魂孕育在兩個軀體中。即便是知心好友，你對他也是有所求的，那便是心靈上的需求。因此，在社交過程中，邏輯學的運用是不可避免的。」（見圖 1-3）

第一章　亞里斯多德導師主講「邏輯的最後防線」

大家都對亞里斯多德老師的邏輯思維表示心服口服。張時萌暗想，自己總以為，只要不是在物質上互相利用的朋友，就是無欲無求的純粹的朋友，如今聽了亞里斯多德老師的一番話，才知道心靈上的需求也是社交需求的一種，看來邏輯思維確實很重要。

羽毛相同的鳥，自會聚在一起；而真正的朋友，是一個靈魂孕育在兩個軀體內。

圖 1-3　心靈需求

亞里斯多德老師還未等學生們尋思完畢，就又冒出了金句：「當然，社交還包括很多方面的交往。對上級謙遜是本分，對平輩謙遜是和善，對下級謙遜是高貴，對所有人謙遜是安全。」

大家聽得如飲甘露，不由得大呼過癮。一個看起來像大學生的男生忍不住說道：「亞里斯多德老師，您總能把話說得發人深思，您的老師一定很驕傲吧！」

大家紛紛笑起來，亞里斯多德老師也笑了：「哦，當然不，我親愛的學生。要知道，我在青年時期，還是個口吃患者呢。」

此言一出，大家紛紛豎起耳朵，生怕漏了一丁點亞里斯多德老師的「逆襲」之路。

第三節　「論辯指南」卻不是個好辯手

亞里斯多德老師看大家都豎起了耳朵，不由得笑道：「看來跟理論知識相比，各位還是更願意聽故事啊！」張時萌不好意思地撓了撓頭，確實，故事

要比理論知識更吸引人。

亞里斯多德老師緩緩開了口：「各位應該都知道，我在青年時期，是跟我的恩師柏拉圖學習哲學的；而我在中年時期，還擔任了馬其頓王子亞歷山大的老師；之後，領頭開辦了自己的學校，向學生傳授知識。」

有一部分了解亞里斯多德這段經歷的學生不由得點了點頭。

亞里斯多德老師臉上一點兒也看不出驕傲，口氣十分和緩地說：「我寫過一篇指導論辯的著作，名為《論辯篇》。因其在論辯方面享有一定的生命，故被人們譽為『論辯指南』。」

張時萌連連點頭，自己在律師事務所的時候，就拜讀過亞里斯多德老師的「論辯指南」。

亞里斯多德老師無視了學生們崇拜的目光，攤手道：「但事實上，我並不是一個好的辯手。在我的青年時期，我甚至還是一個輕度口吃的患者。雖然在漫長的歲月中，我治好了我的口吃，但是我卻始終不能像優秀的辯手那樣口若懸河。」

「而且，我甚至不是一個熱心的聽眾，」亞里斯多德老師無視了學生們詫異的表情，接著說道，「相信各位在任何史料上都無法發現，有我參加過任何一個辯論現場的記載。」

一個女生疑惑地搖了搖頭，費解道：「既然如此，那您的著作為什麼會有『論辯指南』的稱號呢？」

亞里斯多德老師笑了笑，說道：「這就是我這堂課的內容 —— 語言和邏輯的關係。」

看著一臉費解的學生們，亞里斯多德老師也不再賣關子了。他大大方方

第一章　亞里斯多德導師主講「邏輯的最後防線」

地說道:「其實,我的辯論能力很弱,但我在語言方面有著較高的造詣。還記得我在中年時期,擔任了馬其頓王子亞歷山大的老師,後來又在雅典建立了自己的學校。因為我口頭表達能力很弱,所以我就一定要勤加練習。」

亞里斯多德老師拿出一個寫得密密麻麻的本子來,說道:「各位可以看到,這是我對這節課內容所做的備課文案。在我的備課過程中,我需要把在課堂上講的每一句話都寫在講稿上。」

張時萌恍然大悟,這大概就是亞里斯多德老師責任心的高度體現了吧,也是他的著述中為什麼會有如此多的「我們首先要說明」「我們說過」「我的意思是說」等的緣故吧。

亞里斯多德老師接著說:「邏輯學與語言是密不可分的,我們需要把邏輯思維和語言關聯在一起。因此,在腦子跟不上嘴,或者嘴無法表達思維的時候,語言就顯得尤其重要了。」(見圖 1-4)

圖 1-4　邏輯關係

張時萌不斷地點頭,確實,亞里斯多德老師在語言表達方面甚至還不如一個普通的政客。但在其著作中卻不難發現,無論亞里斯多德老師的哪一部作品,其語言風格都是簡練明晰的,尤其是亞里斯多德老師在自己的著作中舉例子的時候。

亞里斯多德老師頗有洞察力地對著張時萌一笑,說道:「邏輯學的客觀準

確性，也要求我在做文章的時候，必須要有大量的具體例子作為自己觀點的支撐。」

在場的學生們紛紛點頭，亞里斯多德老師舉的許多例子，都是評論其語言造詣高低的一個標準。透過對語言的分析來闡述自己的邏輯觀點，在亞里斯多德老師關於邏輯學說的著作中也是司空見慣的一種手法。

張時萌暗想：「透過某些具體的例子，不難發現亞里斯多德老師對語言的運用已經到了爐火純青的地步了，甚至可以稱作一門藝術！我在今後的辯護過程中，也要提前組織好語言，用真理和例子做好對辯護的支撐！」

亞里斯多德老師笑著說：「在我專門研究邏輯學之前，我對語言是有著濃厚的興趣的。雖然我的口頭表達能力欠佳，但語言研究確實是我邏輯研究的鋪路石。很多時候，我都希望自己不僅是一個優秀的邏輯學家，還是一個優秀的語言學家。」

在亞里斯多德老師的邏輯學著作中，語言就是一個基本的組成部分，也是最不會被忽視的組成成分。要知道，為亞里斯多德老師的邏輯學說的建立和發展提供了充足的準備的，正是語言。並且，語言也為後世的學者提供了許多值得借鑑的邏輯學知識。

一位穿著白襯衣的男生舉手問道：「那麼，亞里斯多德老師，請問我們應當如何培養富有邏輯學的語言呢？」

亞里斯多德老師笑著鞠了一躬：「謝謝你，我剛要說到這個話題。邏輯學大致可以理解為對具體事物規律的抽象總結，因此，抽象思維的培養很重要，受教育程度越高，接觸到的知識越趨於抽象，對於邏輯和複雜概念的把握能力越強，說話表達的邏輯性就會越強。」（見圖 1-5）

男生點點頭，張時萌也表示贊同，教科書上的文字往往比口頭語言更有說服力。

亞里斯多德老師繼續說道：「閱讀和寫作也是提升邏輯思維的重要方法，因為人的表達能力也是一個需要訓練的過程。還有，雖然我個人對辯論並不熱衷，但辯論無疑也是提升邏輯的好方法，它能提升你的反應速度和信心。對於我個人來說，少說話、多傾聽也是很有用的，大家都知

對於邏輯和複雜概念的把握能力越強，說話表達的邏輯性就會越強。

圖 1-5　邏輯思維與表達能力

道，我自己就是一個反應速度不太出色的人。還有，對任何一個問題，都不要滿足於一個單一的解釋，要追求多角度的思維。」

看著大家在筆記本上「健筆如飛」，亞里斯多德老師露出了一個調皮的笑容，拉長音道：「最後，還有一個最重要的方法，那就是練習練習再練習！」

大家都笑了。張時萌暗想：是啊，沒有人天生就擅長邏輯表達，大家在邏輯上的差別就是經驗積累。看來，自己的辯護能力的提升之路，還是相當漫長啊！

第四節　我被騙了嗎

亞里斯多德老師等同學們都記錄完語言與邏輯之後，又悠悠地開了口：「我來到亞洲後，發現了一個很奇怪的現象。很多小孩子學習都很認真，甚至每天都熬到凌晨才被允許睡覺，可是成績就是沒辦法提升，各位知道為什

麼嗎？」

　　大家面面相覷，都說不出個所以然。張時萌想到了自己的小外甥，他學習很認真，只要老師教過一遍的題目，他絕對不會再錯，但如果把題目換一種形式，他就又不懂了。家裡人為這件事都操碎了心。

　　亞里斯多德老師看大家一臉若有所思，於是神祕地開了口：「其實原因很簡單，那就是這些孩子欠缺邏輯能力！」

　　這句話彷彿點醒了張時萌，她想起了在大學寫畢業論文的時候，自己和其他人早早就開始著手準備，但有一個室友卻整天看電視劇。誰知，大部分人寫了兩三個月的論文，人家只用了一週就寫完了，而且教授還不停地誇獎她寫得好，還說一看她就是把時間都用在學習上的好孩子。看來邏輯真的是十分重要啊！

　　張時萌又想到一件事：律師事務所的主管總是不停增加新工作給自己，每當此時，自己的腦袋就只剩下了漿糊。反觀別的同事，在接到新難題或新工作時卻鎮定自若，一會兒就能理出一個頭緒。原來，我比他們就差了一個邏輯學啊！

　　亞里斯多德老師笑著說：「這還不算什麼，我先來問問各位，都有被騙的經歷嗎？」

　　此言一出，學生們頓時七嘴八舌地討論起來。有一個把袖子捲到手臂肘的男生站起來，大大咧咧地說道：「我先說吧，有一次我接到一個電話，對方一開口就知道我的名字，還說自己是警察局的，並且還用特別嚴屬的口氣跟我說話。我這個人膽子大，別人唬我，我反而不容易上當，於是我就跟對方更大聲講話。對方一聽，語氣就軟了，換了一副專業的口吻，幾句話就把我

搞迷糊了，等我反應過來發現不對時，幾千塊已經轉到對方帳戶了。」

大家都紛紛笑了起來，亞里斯多德老師也笑著揮揮手，示意這位男生坐下：「其實，詐騙都有自己的一套邏輯，它就像一個鉤子，一旦鉤住你，後面就會針對你專門設定好一整套方案，環環相扣，讓你不自覺地一步一步往裡踏！」

圖 1-6　騙局

一個女生也無奈地說道：「我奶奶每個月都要花幾千塊，買一些所謂的『包治百病』的保健食品！關鍵這些東西根本沒效果，可是，即便保健品沒效果，我的奶奶還是不停地買買買。原來這就是騙子在忽悠不懂邏輯的人啊！看來，我要教會我奶奶多思考！」（見圖 1-6）

亞里斯多德老師讚許地對女生點點頭，接著說道：「在生活中，我們不但會遇到金錢方面的騙局，還會遇到一些『奇葩騙局』，而對你實施這些『奇葩騙局』的人，往往是你的親朋好友，而且，他們的話貌似是真的有道理。」亞里斯多德老師舉例道：

「我朋友家小孩都結婚了，你也應該結婚。」

「她不喜歡我，那就是恨我。」

「這是我最喜歡吃的東西，你怎麼可能不愛吃？」

「這個都是書上寫的，能有錯嗎？」

「你一定要好好用功，如果不好好用功，就上不了好學校，上不了好學校就找不到好工作，找不到好工作就只能當乞丐，你現在不學習，難道想以後

邏輯學就是人類的最強外掛。

圖 1-7　邏輯能力

當乞丐嗎？」

「他已經道歉了，你就原諒他吧。」

……

大家都笑了，張時萌笑得尤其開心，沒想到，這位看似古板的古希臘老師竟然語言如此風趣。

亞里斯多德老師等學生們笑得差不多了，接著開口道：「這些強盜思維在人們的生活中占了大多數，實則，這些話背後的邏輯都很有問題。可以這麼說，邏輯學就是人類的最強『外掛』。」（見圖 1-7）

在場的男生們聽到「外掛」二字，都摩拳擦掌起來，誓言要用心學好邏輯學。

「那麼，什麼是邏輯學呢？」亞里斯多德老師總結，「討論該事件漏洞，研究事實背後的邏輯，這就是邏輯學！生活時時用到邏輯學，人生處處需要邏輯學！」

張時萌聯想到當前社會現實的種種案例，不禁萬分感慨。的確，現在不管是年輕人還是中年人，甚至是老年人，都應該培養和提高自己的邏輯推理能力和理性精神，這樣才能避免「被呼攏」。

亞里斯多德老師換上一副調皮的表情，說道：「什麼銀行、警察局叫我轉帳，什麼家人朋友出事讓我拿錢，什麼中獎訊息讓我匯手續費，什麼釣魚網站，什麼網購詐騙網站，什麼投資騙局，有了邏輯思維，就不會再輕易上

當，就能讓自己的理智思維戰勝感性衝動。對那些強盜思維和騙局說『不』，自己的思維要自己做主！」（見圖 1-8）

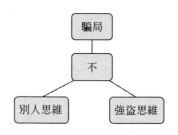

圖 1-8　我被騙了嗎？

　　教室裡頓時響起了雷鳴般的掌聲。亞里斯多德老師愉快地站起身來，對學生們行了一個古希臘禮，然後在學生們的掌聲中，緩緩地走下了講台。

第四節　我被騙了嗎

第二章

培根導師主講「邏輯修辭使人善辯」

　　本章透過四個小節的講解，系統解釋法蘭西斯·培根的「批判舊邏輯」。同時，作者使用幽默詼諧的文字，給讀者製造了一種輕鬆明快的氛圍，讓讀者能在歡樂中提高自己的邏輯思維能力及邏輯修辭能力。本章適用於渴望提高口才，希望加強邏輯思維的讀者。相信在閱讀本章後，能對這部分讀者有所幫助。

法蘭西斯・培根
(Francis Bacon，西元 1561—1626)

第一代聖阿爾本子爵（1st Viscount St Alban），英國文藝復興時期散文家、哲學家，英國唯物主義哲學家，既是實驗科學、近代歸納法的創始人，又是對科學研究程式進行邏輯組織化的先驅。主要著作有《新工具》、《論科學的增進》及《學術的偉大復興》等。

法蘭西斯・培根被稱為「唯物主義第一人。」法蘭西斯・培根的最大哲學貢獻在於，提出了唯物主義經驗論的一系列原則，制定了系統的歸納邏輯，馬克思、恩格斯稱他是「英國唯物主義的第一個創始人」。

第一節　批判：舊邏輯之殤

　　第二天，張時萌按時來到了這個古香古色的建築前。說實話，此時的她還未從亞里斯多德老師的震撼中醒來。

　　其實，張時萌對邏輯學了解不深，甚至可以說是邏輯學的小白，所以，她迫切地想學到邏輯學知識。一向循規蹈矩的她，從未對自己的思維方式產生過質疑，也沒有對任何人的思維方式產生過質疑。亞里斯多德老師的一堂課，無疑為她打開了邏輯學的大門。

　　今天，又是哪位老師來上邏輯學課程呢？

　　張時萌踏進大堂，發現四周已經坐滿了聽眾。她剛找到一個位子坐下，今天的邏輯學老師就緩緩地走到了講台正中央。

第二章　培根導師主講「邏輯修辭使人善辯」

老師剛上來，就引起了學生們痴痴的笑聲。

張時萌定睛一看，天哪，這位老師的穿著打扮也太奇怪了 —— 大熱天的戴個高禮帽，尖尖的「網紅臉」上蓄了一撮小鬍子，脖子上戴著一圈波浪形的白色圍巾，穿著一身密不透風的英倫紳士裝，活像撲克牌裡 J 牌的圖案。

這位奇裝異服的老師真能講好邏輯學嗎？張時萌不由得在心中爆發了疑問。

可是，大部分學生卻眼睛發直地看著正中央的老師，低低地說出了一個名字：「哦！快看！是法蘭西斯·培根！」

法蘭西斯·培根？張時萌也倒吸了口冷氣，即便她是邏輯學小白，但也是久聞法蘭西斯·培根大名的。

法蘭西斯·培根老師用手撥了撥自己的圍巾，輕輕搧了搧風，說道：「各位午安，我是各位的邏輯學老師，法蘭西斯·培根。今天天氣還真是炎熱啊。」

一位穿著清涼的男生舉手道：「法蘭西斯·培根老師，您為什麼不穿少點呢？大熱天的就別戴圍巾了。」

法蘭西斯·培根老師不以為然地回答：「這可是紳士和禮儀的象徵，怎麼能隨便摘掉？」

男生不理解地說：「紳士這個稱號可不是靠衣服就能得來的，您又何必拘泥於小節？」

法蘭西斯·培根老師露出輕蔑的神情，說道：「瞧瞧，你這是在跟我辯論，以此來證明你的邏輯思維嗎？你可知道，你這是犯了舊邏輯學的錯誤啊！」

男生有些臉紅，張時萌也有些不解，舊邏輯學是什麼呢？

法蘭西斯‧培根老師清了清嗓子，說道：「舊邏輯學，又稱傳統的邏輯學，那是一種只求在爭辯中戰勝對方，而不求在實踐中征服自然的手段。舊邏輯學只能被稱為爭辯的藝術，而不能稱為發明的藝術。也就是說，舊邏輯只能用於辯論，強行讓對方同意某個觀點，卻不能掌握事物的新知識。鄙人在制定科學歸納法時，就對傳統邏輯提出了尖銳的批判！」

法蘭西斯‧培根老師看著臉紅的男同學，換了一副溫和的口氣：「當然，我知道你本意並不壞。但每個人都有自己的思維，強行透過辯論的形式，硬讓別人按照自己的想法去做可不是紳士應該做的事。」

男生點了點頭，心悅誠服地坐下了。法蘭西斯‧培根老師接著說道：「正好，我就用自身的經歷，來跟各位講一講舊邏輯的壞處。」

大家一聽有故事，都紛紛豎起了耳朵，聚精會神地聽了起來。

法蘭西斯‧培根老師說道：「在我那個時代，教會掌握了大權。教會勢力反對科學，也鄙視科學實驗，他們利用經院邏輯，一直為上帝的存在做辯護。值得一提的是，教會的經院邏輯來源於亞里斯多德老師的學說，但卻歪曲了亞里斯多德老師的學說。這種經院邏輯束縛了人們的頭腦，同時也嚴重阻礙了科學的進步和發展。」

大家透過法蘭西斯‧培根老師的描述，彷彿回到了那個灰暗的年代。

法蘭西斯‧培根老師接著說道：「當然，在我看到了這種現象後，就一直致力於批判經院邏輯脫離自然，脫離生活。我還毫不留情地指出：經院的『哲學家』們不但身子被關在僧院和學院中，就連智慧也被關在狹窄的陰洞裡。」

學生們聽得熱血沸騰，在心裡紛紛讚美老師。

第二章　培根導師主講「邏輯修辭使人善辯」

法蘭西斯‧培根老師旁若無人地接著說道：「這些教會所謂的『理論』，靠的只是自己腦子裡的臆想，再用語言將其臆想編織出來，只是玩弄概念的文字遊戲。這種『理論』能說，卻不能生產。我不否認它富有爭辯性，但卻沒有什麼實際效果，空空洞洞，是一種完全對人無益的、對自然和世界的認識和改造無益的墮落的學問。」

法蘭西斯‧培根老師用頗為自得的語氣「謙虛」道：「鄙人對舊邏輯進行了尖銳的批判，在當時直接地、沉重地打擊了經院哲學的思想統治，幫助人們解放了思想，擺脫了經學的思想禁錮。同時，鄙人還闡明了研究事物、發現事物的規律，必須尋求新的途徑、新的方法，鄙人也為新方法的創立掃清了障礙。」

「那麼，新邏輯又是什麼呢？」張時萌忍不住開口問道。

法蘭西斯‧培根老師熱的通紅的臉上露出一抹自豪的神色：「新邏輯就是我開宗立派而成立的歸納大法。」

大家都笑了，法蘭西斯‧培根老師也真是能虛張聲勢，非要把自己的歸納法叫做歸納大法。不過，他的歸納法也確實擔得起這個名字。

學生們紛紛側耳，準備聽法蘭西斯‧培根老師細細道來 ——

第二節　開宗立派：從歸納大法講開去

法蘭西斯‧培根老師認為，舊邏輯對科學不但沒有幫助，反而還會禁錮思想。因此，法蘭西斯‧培根老師決定開宗立派，創造一個全新的邏輯方法。

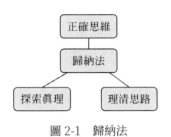

圖 2-1　歸納法

法蘭西斯‧培根老師說道：「一個人如果跑錯了方向，那麼越是努力，越是跑得快，就會迷失得越厲害。而我的主要任務，就是把一種較為完善的，對於人的心靈的使用和應用有用的邏輯介紹給人們，發明一種新工具，為人們提供更可靠的指導，提供更有效的工具。也是基於此，我在對舊邏輯批判的基礎上，提出了以觀察和實驗為基礎的新工具 —— 科學歸納法。」（見圖 2-1）

法蘭西斯‧培根老師慷慨激昂地說道：「我認為，歸納法是從事物中找出公理和概念的妥當方法，同時也是進行正確思維、探索真理的重要工具。」

我已經吃了九十九天米，明天肯定還有米。

圖 2-2　公雞歸納法

法蘭西斯‧培根老師說道：「值得一提的是，我的歸納法是排除歸納法。我認為，以往的枚舉歸納法都是少數例證的累積，其結論都是極其不可靠的，經常被相反的例證推翻。因此，我的歸納法不是簡單的枚舉歸納法，而是排除歸納法，這更符合科學需求。」

「此外，從我的歸納法中演變出的不完全歸納法，在國際上也是享有盛名的，」法蘭西斯‧培根老師說道，「這種不完全歸納法又被稱為『公雞歸納法』。」（見圖 2-2）

第二章　培根導師主講「邏輯修辭使人善辯」

張時萌一愣，不由得脫口而出：「『公雞歸納法』？」

法蘭西斯‧培根老師笑著看著張時萌：「別急，我舉個例子你就明白了。有一個農婦，她養了十隻小雞。按照農婦的慣例，她會把母雞養大，然後讓它生蛋；而公雞則是養到第一百天，然後被殺掉。按照公雞的慣例，它會想『第一天早晨有米吃，第二天早晨有米吃……第九十九天早晨有米吃，今天第一百天早晨，一定有米吃』。但是農婦卻在第一百天的時候殺掉了公雞。公雞有九十九天的吃米經驗，卻不能證明在第一百天也有米吃。」

張時萌恍然大悟，看來邏輯學果然博大精深，不能按照慣常思維來想問題。

法蘭西斯‧培根老師繼續說道：「再來就是，我的歸納法有很大一部分工作，就是做分析的工作。」

看著學生們懵懂的眼神，法蘭西斯‧培根老師無奈地說道：「也就是說，我需要從眾多繁雜、混亂的事物中，把那些非本質的、偶然的東西剔除掉，從而提煉出抽象卻必然的本質。」

看到學生們瞭然的樣子，法蘭西斯‧培根老師得意地說道：「為此，我專門提出了『三表法』，專門針對感性材料進行整理。好啦好啦，我知道各位對我的『三表法』不甚了解，還是讓鄙人詳細解讀一下吧。」

大家都露出了心照不宣的笑容，法蘭西斯‧培根老師詳細解讀道：「三表法，說白了就是尋求因果關係的方法。第一表即『存在表』，第二表即『缺乏表』，第三表即『比較表』。鄙人提出這三種表的功能，其實都是為了給理智提供例證。」

「我認為，舊歸納邏輯的不足，就在於它沒有運用到分析的方法，也沒有

否定例證的列表。那麼，如果有了否定例證的列表，再用分析法，在『比較表』中，就更容易體現事物的因果關係，對於探尋事物因果的必然性也是有所助益的。」

張時萌點了點頭，看來，法蘭西斯‧培根老師的思想源流，在某種程度上也受到了亞里斯多德老師的思想啟發。法蘭西斯‧培根老師認為要把握自然，就必須把自然分解成『組成因素』去加以理解。法蘭西斯‧培根老師的歸納法，所要尋求的就是事物的簡單性質的形式。

法蘭西斯‧培根老師驕傲地說道：「我不但批判了頑固不化的經院哲學家，而且批判了爬行經驗主義者，在我看來，他們就是蜘蛛和螞蟻！要知道，他們的認識方式不可能給人們帶去真理。人們應當把感性經驗和理性分析結合在一起，形成一種像蜜蜂一樣的認識方式，這才能真正幫助人們獲取正確認知！」

學生們紛紛點頭，法蘭西斯‧培根老師的歸納法，毫無疑問是與實驗自然科學的興起相適應的。

法蘭西斯‧培根老師說道：「要認識自然現象的原因和規律，各位絕對不能只靠想像和揣測，只有親自進行了觀察和實驗，才能品嚐到真理的甘甜。」

張時萌和其他學生聽得熱血沸騰：是啊，法蘭西斯‧培根老師的歸納邏輯的基礎和出發點不是哲學家的直覺，而是實驗科學家的實踐。法蘭西斯‧培根老師的歸納法，在使用方面逐級上升，直到最後才達到普遍的公理的方法。這是一件多麼難能可貴的事情！

「馬克思說過：『唯物主義在他的第一創始人培根那裡，還在樸素的形式

第二章　培根導師主講「邏輯修辭使人善辯」

下包含全面發展的萌芽。』不錯，鄙人的歸納方法論就包含了某些樸素的辯證法因素。」法蘭西斯‧培根老師挺直了胸膛說道。（見圖 2-3）

唯物主義自我而始。

圖 2-3　唯物主義

張時萌和其他同學一起笑了，沒想到這位法蘭西斯‧培根老師，竟然還知道馬克思對現代中國的深遠的影響。

法蘭西斯‧培根老師博學地說道：「我的歸納邏輯和舊邏輯不同，舊邏輯是不變的、僵化的，是一種教條主義。而我的歸納邏輯卻是不斷發展的。我說過這樣一段話，如今再把這段話送跟各位：『其歸納法不是盡善盡美的，不是再不容有所改進了，而是隨著發現之前進而前進。』這段話也證明了我歸納邏輯的正確性。」

一位紮著雙馬尾的女生聽得如痴如醉，她一臉羨慕地問道：「法蘭西斯‧培根老師，我究竟需要怎麼做，才能有像您這麼好的口才呀？」

法蘭西斯‧培根老師聽了女生的誇讚，一臉從容地笑了笑：「想要一副好口才很簡單，最好的辦法就是修練你的邏輯思維！」

第三節　好口才，從邏輯思維的修練開始

法蘭西斯‧培根老師的一席話，讓張時萌不由得豎起了耳朵。張時萌知道，自己在進行辯護時的主要問題就是表達能力不足。有時候，自己明明有很多話想說，卻不知道應該如何開口，反而讓對方的辯護律師乘勝追擊，讓自己節節敗退。

　　鍛鍊一副好口才，這正是張時萌迫切需要的。

　　法蘭西斯‧培根老師看著學生們迫切的神情，也不再賣關子：「我為什麼說，好口才要從修練邏輯思維開始呢？首先，如果你的邏輯思維能力足夠強大，就能讓你在說話的時候更有層次，你就不會因為前言不搭後語，或者因為語句重複而影響你的語言表達效果。」

　　張時萌聽得連連點頭，這正是自己欠缺的。

　　法蘭西斯‧培根老師接著說道：「其次，你需要知道如何修練你的邏輯思維。豐富的閱歷會成為你的強大武器。各位可以試想，如果你的閱歷豐富，話題就會增多，說出來的東西也會增多，話語內容會更加豐富，也更有利於你『出口成章』。」

　　張時萌看見身邊有幾個很文靜的女生點了點頭，看來法蘭西斯‧培根老師說到了她們的心坎上。

　　「還有，培養興趣愛好是很有必要的。各位不難發現，自己身邊有很多人都很『博學』，不管別人說什麼，他們都能扯上一點。對於自己喜歡的事情，表達出來也會相對流暢。」

　　張時萌點點頭，忍不住提問道：「法蘭西斯‧培根老師，我是一名律師，請問我該如何讓自己的語言更有說服力？」

　　法蘭西斯‧培根老師深深地看了張時萌一眼，說道：「律師啊，真是個不錯的職業。你在辯護過程中，如果想用語言影響對方，不妨在平日訓練時，多注意一下說話的語速、音調和口音，這些都會影響到最後表達帶給人的感覺。」

　　張時萌對法蘭西斯‧培根老師感激地笑了笑，趕緊坐下來，以免耽

第二章　培根導師主講「邏輯修辭使人善辯」

誤課堂。

　　法蘭西斯‧培根老師環顧四周：「各位，你們當中一定有很多人都有這樣的困擾 —— 自己的想法太多，總覺得自己的邏輯思維很混亂。例如，當你想做一件事的時候，腦子裡卻突然想到還有其他的事情沒有做，然後你就會陷入混亂的糾結。有的人會做一個計劃表，但計劃總是趕不上變化，在事情發生變化的時候，想法很多，卻又不知從何下手。」

　　法蘭西斯‧培根老師的話，讓在座的每個學生都表示強烈贊同，彷彿法蘭西斯‧培根老師說的這個人就是自己。

　　法蘭西斯‧培根老師露出一個調皮的笑容：「再如，我在這裡講課，有的學生卻抓不住我內容的主線；在看書的時候，總是忘記前面的內容，不能讓前後串聯起來；在與主管、客戶等人交談時，做不到快速領會對方的意圖，並做出有價值的回答。」

　　有一個男生馬上回應道：「法蘭西斯‧培根老師，您說得太對了，我就是口才不好，而且總被人說成『慢半拍』。我想說的東西有很多，卻不知道應該先說哪條，導致事情不能按我想的節奏發展。我也會列計劃，但是計劃趕不上變化，讓我很煩躁。如今聽了您的話，我才發現，口才和邏輯思維本就是一脈相承的，邏輯混亂的人口才怎麼會好呢？」

　　法蘭西斯‧培根老師笑著揮了揮手：「我親愛的學生，當你說出這段話的時候，你就已經走在提升邏輯能力的路上了，恭喜你！首先，你已經初步認識到了自己邏輯問題的根源：想法太多，卻不能及時梳理；其次，你看到了自己煩躁的原因：事情不能按照你期望的方向發展，列的計劃不能得到順利施行；最後，你還認識到：口才好的基礎是修練邏輯思維。這些都體現了你的邏輯能力，實際要好於你對自己的評估。」

男生有些不好意思地撓了撓頭，法蘭西斯·培根老師接著說道：「我還想說，其實，你可能已經找到了鍛鍊邏輯能力的好方法，只是自己還沒有意識到這一點。想必亞里斯多德老師也跟你說過了——把自己的想法寫在紙上。

做減法，就等於止損。

圖 2-4　止損

書寫，實際上是一個梳理思路的過程。書寫能讓你的思路更加清晰，也能讓你更好地思考。」

法蘭西斯·培根老師停頓了一下，問道：「剛才你也說過，你的想法太多，而且有列計劃的習慣，對嗎？」男生點點頭表示肯定。

「想法太多，可以透過書寫把你的想法一條一條地列在紙上，」法蘭西斯·培根老師說道，「這樣一來，你就能很清晰地看到，對你而言最重要的事情是哪些。然後一條一條地劃掉對你來說不重要的事情。做減法，就等於止損。」（見圖 2-4）

男生忍不住拍手道：「是這樣的，法蘭西斯·培根老師，我總會因為盲目的行動，損耗不必要的精力，還不如按您說的，留出精力，做一些有利的事情。」

法蘭西斯·培根老師贊同道：「不錯，這樣就不會莽撞冒失。你的邏輯思維也會像你在紙上列出的條理清晰的思路一樣，隨著一次次地梳理，隨著一次次地追問自己：這是我想要的嗎？相信你的困擾也會隨之減少。」

大家都忍不住鼓起掌來，有個女生等掌聲漸小後，舉手示意道：「可是，法蘭西斯·培根老師，我的口才還是不錯的，但我不聰明，反應太慢，請問邏輯思維能讓我變得更聰明嗎？」

法蘭西斯‧培根老師笑得很親切：「當然，我親愛的學生，你想變得聰明其實很容易，只需要多做幾道邏輯謎題！」

第四節　聰明與不聰明之間差了一百個邏輯謎題

「邏輯謎題？」大家都愣了一下。

張時萌卻沒有表現太多的驚訝，畢竟自己是一名律師，平時經常和同事們做各種案件推斷。

法蘭西斯‧培根老師笑著說：「我先來跟各位出道邏輯謎題吧：有三位神祇，分別是真話神、假話神和任意神。真話神祇能說真話，假話神祇能說假話，任意神的真假話則是完全隨機的。現在，我需要各位用已知條件來辨別出三位神祇分別是什麼身分。」（見圖 2-5）

學生們聽完題目的前提，紛紛摩拳擦掌地旋開了筆，攤開了筆記本，大家都暗暗較著勁兒，想揭開法蘭西斯‧培根老師的邏輯謎題。

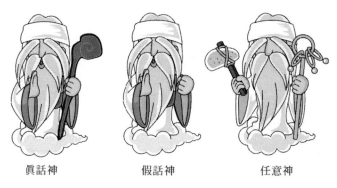

眞話神　　　　　假話神　　　　　任意神

圖 2-5　邏輯謎題

看到學生們幹勁滿滿的樣子，法蘭西斯‧培根老師滿意地繼續說道：「各

位只能問三個問題，且神祇的回答只能是『是』或『否』，每個問題只能針對一個神祇。在神祇的語言裡，『yh』和『np』分別代表『是』和『否』，但你不知道究竟哪個代表『是』，哪個代表『否』。各位都聽明白題目了嗎？」

學生們紛紛表示聽明白了，然後陷入了苦思冥想中。

張時萌迅速回顧了一下題目，發現自己的思維有些混亂。但她深吸了一口氣，讓自己的心平靜下來，然後開始慢慢推理：

神祇一共有三位，暫時用甲、乙、丙來代替，出現的情況只能有三種情況。

第一種情況：

問甲：「如果我問乙，『yh』的意思是否等於『是』，乙會如何回答？」

如果甲保持沉默，就能推斷出乙為任意神，因為任意神給出的答案是隨機的，甲不能預料到乙會給出什麼答案。

再問甲：「如果我問丙，『yh』的意思是否等於『是』，丙會如何回答？」

甲回答「yh」或者「np」。

再問丙：「『yh』的意思是否等於『是』？」

丙回答「yh」或者「np」。

如果甲和丙的回答是一樣的，則甲是真話神，丙是假話神；如果回答的答案不一樣，則丙是真話神，甲是假話神。

在這種情況下，結論：乙為任意神，甲和丙是真話神或者假話神（也就是說，甲、丙的身分由甲、丙的答案是否相同而確定）。

第二種情況：

第二章　培根導師主講「邏輯修辭使人善辯」

問甲：「如果我問乙，『yh』的意思是否等於『是』，乙會如何回答？」

甲回答「yh」或者「np」，由此可以推斷出，乙一定不是假話神，因為若乙為假話神，甲只能保持沉默。

再問乙：「如果我問丙，『yh』的意思是否等於『是』，丙會如何回答？」

乙回答「yh」或者「np」，由此可以推斷丙一定不是假話神，理由同上。這樣一來，甲就一定是任意神。

再問丙：「『yh』的意思是否等於『是』？」

丙神回答「yh」或者「np」。

如果乙和丙的回答是一樣的，則乙是真話神，丙是假話神；如果回答不一樣，則丙是真話神，甲是假話神。

在這種情況下，結論：甲為任意神，乙和丙是真話神或者虛偽神（乙、丙身分由乙、丙的答案是否相同而確定）。

第三種情況：

問甲：「如果我問乙，『yh』的意思是否等於『是』，乙會如何回答？」

甲回答「yh」或者「np」，由此可以推斷，乙一定不是假話神，因為乙為假話神，甲只能保持沉默。

再問乙：「如果我問丙，『yh』的意思是否等於『是』，丙會如何回答？」

乙保持沉默，由此可以推斷甲為任意神，因為任意神答案是隨機的，所以乙不能做出選擇。

再問乙：「『yh』的意思是否等於『是』？」

乙回答「yh」或者「np」。

如甲和乙的答案是一樣的，則甲是真話神，乙是假話神；如果回答的答案不一樣，則甲是真話神，乙是假話神。

在這種情況下，結論：丙為任意神，甲和乙是真話神或者假話神（甲、乙身分由甲、乙答案是否相同而確定）。

「真不愧是律師，」法蘭西斯・培根老師出現在張時萌身後，看著本子上的思路笑著讚歎道，「這麼快就把邏輯謎題解出來了。」

張時萌不好意思地笑了笑。法蘭西斯・培根老師環顧四周，看大家都解答得差不多了，露出了滿意的神情。他開口道：「在解答邏輯謎題的過程中，各位會運用到排除法、假設法和綜合法等常用的解題方法，這會讓各位的邏輯思維能力得到很大的提升。」

法蘭西斯・培根老師說道：「遊戲總是比枯燥的理論更能吸引人。很多人認為，邏輯理論比邏輯遊戲更為專業，甚至認為邏輯遊戲是沒有意義的，這就大錯特錯了。至少對於我來說，邏輯謎題能讓我專注，能幫我撫平焦躁，甚至能預防我得老年痴呆。」（見圖 2-6）

大家都笑了。法蘭西斯・培根老師還是一如既往的幽默。

法蘭西斯・培根老師接著說：「邏輯謎題能夠開闊人們的思維，還可以提升創造力，訓練腦細胞，可謂是好處多多，希望各位在課下也

圖 2-6　邏輯謎題的好處

第二章　培根導師主講「邏輯修辭使人善辯」

能多做邏輯謎題，提升自己的邏輯能力。」（見圖 2-6）

　　話音剛落，大堂裡就響起了熱烈的掌聲，法蘭西斯・培根老師向學生們鞠了一躬，慢慢地消失在大家的視野中。

第四節　聰明與不聰明之間差了一百個邏輯謎題

第三章

休謨導師主講「奠定思維邏輯的基石」

　　本章透過四個小節，詳細介紹什麼是「奠定思維邏輯的基石」。同時透過大量佐證，幫助讀者理解。本章內容詳實有趣，配圖簡單易懂，文字生動活潑。讀者可透過師生間的對話，準確把握思維邏輯的重要性。本章由大衛‧休謨導師主講，歷史學家們將大衛‧休謨的哲學歸類為徹底的懷疑主義，如邏輯實證主義。其內容適用於希望提高自身邏輯思維能力，提高獨立思考能力的讀者。

大衛‧休謨

（David Hume，西元 1711—1776）

蘇格蘭不可知論哲學家、經濟學家、歷史學家，被視為蘇格蘭啟蒙運動及西方哲學歷史中重要的人物之一。

大衛‧休謨的哲學受到經驗主義者約翰‧洛克和喬治‧柏克萊的深刻影響，也受到一些法國作家的影響，他也吸收了各種英格蘭知識分子如艾薩克‧牛頓、弗蘭西斯‧哈奇森、亞當‧史密斯等人的理論。

第一節　去偽存真的命題與定義

　　昨天，法蘭西斯‧培根老師給張時萌上了深刻一課。那堂課不但讓張時萌對邏輯學有了更深入的了解，而且讓她懂得了如何修練邏輯能力，以此提高自己的智力與口才。

　　張時萌抱著筆記本，早早來到了課堂中，今天又是哪位邏輯學老師傳授知識呢？抱著這樣的想法，張時萌找了個坐位迅速坐好，然後開始回憶上堂課的內容。

　　這時，一位穿著蘇格蘭傳統服裝的「婦女」邁著輕快的步伐走上台來。張時萌不由得微微側目，這位女老師是今天的講師？

　　大家也都用同樣的心思看向講台。這位「婦女」愉快地開了口，聲音竟是十分純正的男中音：「嗨，各位午安！我是今天的邏輯學老師，大衛‧休謨。」

第三章 休謨導師主講「奠定思維邏輯的基石」

大衛・休謨老師看著學生們驚訝的表情，不禁有些自得。可他萬萬沒想到，大家並不是對他的名字驚訝，而是驚訝好端端的女老師，怎麼一開口就變成了男人。

一個男生忍不住道歉：「大衛・休謨老師，實在對不起，我們剛剛還以為您是一位女教師。」

大衛・休謨老師一聽，臉色立馬漲成了茄子色：「什……什麼？你竟然……咳咳，看來我不得不給你們上一課了。」

大衛・休謨老師咳嗽了一陣，在小黑板上寫了「去偽存真」四個大字，然後一本正經地說道：「同學們！你們知道這四個字是什麼意思嗎？」

大家都點了點頭，這四個字還是很好理解的。大衛・休謨老師接著說：「去偽存真，在邏輯學中的意思，就是讓各位辨別虛假的事物。就好像剛才這位男同學說的，我確實長相有些女性化，但你們需要運用邏輯學的思維方法，透過現象看本質。畢竟，我的外表還是有很多男性特徵的！」

大家都不好意思地笑了。大衛・休謨老師調皮地眨眨眼睛。

「好了，各位，閒話少敘。我這節課就先來講一講如何去偽存真，」大衛・休謨老師拍了拍手，「要做到去偽存真，就不得不提到邏輯學中的定性分析法。定性分析就是對研究對象進行質的方面的分析，主要是解決研究對象『有沒有』和『是不是』的問題。具體地說吧，就是運用歸納和演繹、分析與綜合及抽象與概括等方法，對獲得的材料進行思維加工，去粗取精、去偽存真、由表及裡，達到認識事物本質、揭示內在規律的目的！」（見圖 3-1）

圖 3-1 去偽存真的方法

一個女生小聲說道：「也就是學會撥開迷霧面紗，看到事物本來的面貌。」

大衛‧休謨老師大聲贊同道：「這位同學說得不錯，只有看到事物本質的東西，才能正確地描述一個事物，揭示它與其他事物之間的關係。當然，它只能分辨出事物指標的高與低、長與短、大與小等概念標準。定性分析定性研究分為三個過程：分析綜合、比較、抽象和概括。」

一位教師模樣的中年男子推了推眼鏡，提問道：「那麼，我們應該如何定性分析事物呢？」

大衛‧休謨老師伸出張開的雙手，笑道：「方法很簡單，一共有十種，只要學會了這十種方法，各位就能看清事物的本質！」

大家聽後，都摩拳擦掌地表示洗耳恭聽。大衛‧休謨老師笑著說：「第一種方法便是因果分析法。在這種方法中，各位要分清因果地位，注意因果對應，因為所有結果都是由一定的原因引起的，一定的原因會產生一定的結果。因果是一一對應、不能混淆的。此外，還要從不同的方向，用不同的方式進行因果分析，這也有利於發展多向性思維。」（見圖 3-2）

張時萌點點頭，有因必有果，就是這個道理了。

大衛·休謨老師繼續說道：「第二種方法便是可逆分析法：作為結果的某一現象，是否能反過來變成原因？這也是摸清事物本質的好方法。」

從不同的方向，用不同的方式去進行因果分析，有利於發展多向性思維。

圖 3-2　多向性思維

「第三種便是結構分析法。結構分析法，就是對系統中各組成部分，及其對比關係變動規律的分析，」大衛·休謨老師解釋道，「結構分析主要是一種靜態分析，就是對一定時間內，系統內各個組成部分變動規律的分析；也可以是動態分析，即對不同時期內系統結構變動進行分析。」

「第四種是比較分析法，」大衛·休謨老師笑著說，「這種邏輯方法應該是最常用的方法，也是各位比較容易理解的方法。它既研究事物之間的共同點，又要分析事物之間的不同點。分析手段有正反比較分析、橫向比較分析和縱向比較分析。」

大衛·休謨老師等大家記得差不多了，接著說道：「第五種是分類分析法。分類可是邏輯方法中的重點之一，各位可以把無規律的事物分成有規律的，按照事物的不同特點分類，讓事物變得更清晰明了。」

張時萌也聽事務所的前輩說過，在辯護過程中，經常會把文件進行分類。分類就是指將具有共同特點的個體對象歸為一類，並把具有共同特點的

類集合成類的思維過程和方法。

　　大衛‧休謨老師拍拍手，吸引了學生們的注意力：「第六種方法被稱為普遍關聯分析法。也就是說，把事物作為個體，放到整體大環境裡進行認識和分析，從而了解基本事物的某方面特性。」

　　「第七種是概念分析法，即根據事物的概念內涵、外延和字面來解析認識事物；第八種是現象分析法，也就是透過事物的表象來分析事物的某個方面；第九種是歸納分析法；第十種是演繹分析法。以後我們會詳細講到。」大衛‧休謨老師一語帶過。

　　張時萌匆匆記錄下來，大衛‧休謨老師看著健筆如飛的學生們，換了一副調皮的面孔：「嘿，各位，不知道你們有沒有讀過我的《人性論》呀？」

　　幾個學生咋舌道：「您這是在幫自己打廣告啊。」

　　大衛‧休謨老師愉快地說：「雖然這樣有自誇之嫌，但我還是要跟各位講講我的《人性論》，相信一定會對各位的邏輯思維有所助益，且聽我慢慢道來——」

第二節　人性論：萬物皆有其根源

　　大衛‧休謨老師一邊說，一邊舉起自己的著作《人性論》，笑著說道：「各位，我在拙著中的開篇便講了，萬物皆有其根源，我們的知覺也不例外。在我看來，人性一詞並非是道德詞彙，而是指人類獲得概念知識和意念知識的認識思維活動。」

　　張時萌聽得有些雲山霧罩，其他學生也是一臉雲裡霧中。大衛‧休謨老師無奈地解釋道：「在一般的語境中，我的『人性』指以求知為對象的哲學

第三章　休謨導師主講「奠定思維邏輯的基石」

認識思維活動；在特殊的語境中，我的『人性』則是指這種哲學認識思維活動所獲得的關於求知的知識理論。」

人類的知覺都可以分成兩種，一種是印象，一種是觀念。

圖 3-3　人類的知覺

張時萌理解了，大衛‧休謨老師的「人性」，其實就是在研究人類的求知慾。

大衛‧休謨老師說道：「在我看來，人類的知覺都可以分成兩種，一種是印象，一種是觀念。而印象與觀念的區別，就在於它們的強烈程度和生動程度各不相同。」（見圖 3-3）

大衛‧休謨老師舉了一個例子：「各位可以試想，當一個美麗的女子，或英俊的男子走入你的視線，你的第一印象一定是強烈的美感享受，這就是對方給你留下的印象。」

大家都笑了起來，大衛‧休謨老師愉快地接著說：「至於觀念這個詞，不強烈，不突然，卻更能影響你。當你與美麗的女子或英俊的男子接觸了一段時間後，發現矛盾很深。例如，你很喜歡狗，對方卻討厭動物，這時候，你就會產生一些情感或者情緒，這便是觀念。觀念會除去那些由你視覺或觸覺而引發的知覺，並可能引起你的快樂或不快。」

「我們人性的根源，其實就在於知覺。我相信，每個人都能分清感覺和思維的區別，因為二者的區別通常很容易被發現。例如，在睡覺、生病、生氣等情緒比較極端的時候，我們的觀念就會更接近於印象。」

一個穿著時尚的女生問道：「大衛‧休謨老師，我們的印象和觀念太淺顯了，其實還有更深層次的知覺，對嗎？」

大衛‧休謨老師讚許道：「沒錯，印象和觀念兩項只是簡單知覺，也就是簡單的印象和觀念，不容再區分或分析。還有一種復合知覺則與此相反，可以區分為許多部分。」

大衛‧休謨老師拿出一個蘋果，說道：「就像我手中的蘋果一樣，各位很容易分辨出蘋果的顏色、味道和口感，這些都是我們對蘋果的簡單知覺。透過這些區別，我們給蘋果的構成要素進行排列，就可以更精確地研究蘋果的性質和關係，這就上升為複雜知覺了。」

說著說著，大衛‧休謨老師閉上了雙眼：「就像我閉著眼睛回想我的房間時，我所形成的觀念，就是我對房間的印象的精確表象，觀念中的任何情節都能在印象中找到。觀念與印象似乎永遠是相對應的，但也有特殊情況，這就涉及複合觀念。」（見圖 3-4）

看著大家懵懂的眼神，大衛‧休謨老師又舉了一個例子：「各位想必也遇到過這樣的情況，如果我說馬爾地夫，碧海藍天沙灘的景象就會浮現在各位的腦海裡，可能各位從未去過馬爾地夫；再或者，各位去過紐約，但你們就能斷言，你對紐約形成的觀念，就是紐約的全貌嗎？」

張時萌搖了搖頭，這確實是人性知

圖 3-4　幻想

第三章　休謨導師主講「奠定思維邏輯的基石」

覺的神奇之處。

大衛・休謨老師慷慨激昂地說道：「因此，我們的復合印象和觀念，一般說來雖然和現實極為類似，但卻又互相區別。同樣，每個簡單觀念也都有和其相似的簡單印象，每個簡單印象都有一個和它相應的觀念。」

這次，不等學生們發問，大衛・休謨老師就主動作了解釋：「比如說『刺眼』這個觀念，跟在陽光下刺激我們眼睛的印象，實質上並沒有什麼差別。我們的簡單印象和觀念都是如此，各位隨便想想，就能舉出很多例子。」

一個愛較真的男生說道：「萬事總有特例吧？」

大衛・休謨老師攤手道：「如果你想否認這種普遍的類似關係，我也不會說服你，只有一個要求，請你指出一個沒有相應觀念的印象，或者沒有相應印象的觀念。」

看得出來，這個男生在絞盡腦汁地思考，但最後還是放棄了，然後心悅誠服地繼續聽講。

大衛・休謨老師接著講道：「還有，各位應該知道，簡單的印象總會比它的相應觀念早些出現，而從來不曾以相反的次序出現。」

張時萌思索了一下大衛・休謨老師的話，發現確實如此。

「如果你想教給孩子，什麼是紅色和黃色，或者教給他甜味和苦味的觀念，就必須先把這些事物具體地呈現在孩子面前，」大衛・休謨老師強調道，「換句話說，也就是把這些印象傳達給他。」

大衛・休謨老師說：「另外，無論心靈或身體的任何印象，都永遠有一個和它類似的觀念伴隨而來，而且觀念與印象只在強烈和生動程度方面有所差別。印象所占的這種優先性也同樣地證明了，我們的印象是我們的觀念的原

因，而我們的觀念不是我們的印象的原因。」

「各位，關於人性的認知方面，我要說的就這麼多，」大衛‧休謨老師說道，「下面，我要跟各位講一下人性方面的灰色地帶。」

灰色地帶？大家的耳朵都豎了起來，準備聽聽大衛‧休謨老師的高論。

第三節　灰色地帶及人為灰色地帶

大衛‧休謨老師對著學生們微微一笑，說道：「各位想必都清楚，當今社會的灰色地帶越來越多。

大衛‧休謨老師清了清嗓子，正色道：「這個世界中，沒有什麼是絕對的涇渭分明。因為黑和白都是極端的表現，而現實世界中，大部分的事情都不會如此兩極分化。所以，人們就把那些不黑不白、不好不壞的事物統稱為灰色地帶。」

張時萌點點頭，確實，這個世界上哪有絕對的好壞呢？自己是個律師，照理說，法院應該是最黑白分明的地方，卻還有「法外不外乎人情」一說呢。

大衛‧休謨老師接著說道：「灰色地帶，就是指中間地帶、臨界地帶。無論是地理位置、男女關係、經濟收入等方面，灰色地帶都多得很。可以說，灰色地帶並不完全是貶義詞，更多時候是中性詞。例如，男女關係的灰色地帶，就是曖昧關係；經濟收入的灰色地帶，就是斜槓接私活、賺外快等。」

張時萌表示同意，但灰色地帶也常常代表不好的東西，如真相不能被清晰地確認出來。在張時萌的工作中經常出現這種情況，這也使她不得不打起十二分的精神來面對它們。

大衛‧休謨老師很認真地說：「其實，灰色地帶大部分是人為的，也就是

人為灰色地帶。人為灰色地帶出現的主要原
因，就是有些人需要利用這個地帶，滿足自
己的慾望。」

很多學生都露出不忿的神色，看來平時
都沒少吃「灰色地帶」的虧；但也有人露出
愧疚的表情，看樣子是利用了不少「灰色地
帶」滿足私慾。（見圖3-5）

「但是，不要太過於關注生命中的灰色
地帶，以至於相信，自己的生命裡除了灰色

圖3-5　道德

地帶就沒有別的什麼了，」大衛‧休謨老師打趣道，「各位必須明白，有些事
情還是清晰明確的，所以不要以偏概全，認為所有事物都是灰色的。如果認
識不到這一點，就有點睜眼瞎了。」

張時萌有些不好意思地點點頭，彷彿大衛‧休謨老師說的就是自己。因
為她就經常憂鬱多思，常常因為灰色地帶的存在而自尋煩惱。

其實就像大衛‧休謨老師說的那樣，灰色地帶之所以存在，就是因為事
物有時候並不是黑白分明的。張時萌暗想，自己也常常會發現，自己所處的
境地不屬於絕對意義上的黑或白，它們並沒有明確的對立面。因此，還是不
要把主觀上的某個灰色觀念擴大到整個世界，甚至認為這就是世界的原貌，
自己努力才是最重要的。

想到這裡，張時萌向大衛‧休謨老師報以感激的微笑。

大衛‧休謨老師和藹地說：「確實，真相不明時往往會讓人心情煩躁，甚
至唯恐避之不及，但各位需要想辦法，讓自己盡力避免陷入這種窘境。當你
不小心陷入了灰色泥潭時，也不要喪失信心。你應該明白這一點：或許現在

的你，還不能弄清楚事情的真相，但是，不確定的情況之所以可能出現，正是因為我們曾經有確定性的經驗。」

張時萌不禁說道：「是啊！負面只有在正面已知的情況下，才能被確認是負面。我們這裡的負面就是不確定，因此，你可以知道確實是真實存在。如果確定是可能的，那麼你目前所不明白的事物最終會水落石出。理論上來說，克服目前經歷的模糊狀態，從而達到真相的那一天總是存在的。」

大家都紛紛點頭，臉上又露出了自信的笑容。

大衛‧休謨老師也讚賞地表示同意：「這位同學說得很不錯，我們無論是在工作中，還是在生活中，你承擔的責任越多，就越會頻繁地面對灰色地帶。這些屬於灰色地帶的問題或狀況，不僅需要自己下足功夫面對，也經常需要與別人合作，一起解決。」

一位女生忍不住發問道：「大衛‧休謨老師，我們該如何解決灰色地帶帶來的問題呢？」

大衛‧休謨老師笑著說：「其實，有一個很古老，但很實用的方法可以解決這個問題，但是要花些時間。這是由古代希伯來哲學家和神學家希勒爾長老提出來的方法：當時，有個人向希勒爾長老表示自己願意皈依猶太教，只要希勒爾長老能用一隻腳站立的時間，向自己解釋《妥拉》這本書的含義。讓這個人沒想到的是，希勒爾長老輕而易舉地完成了。各位知道希勒爾長老說了怎樣一句話嗎？」

學生們伸長了脖子，紛紛請求大衛‧休謨老師快些公布答案。

大衛‧休謨老師笑著說：「希勒爾長老只是簡單地說：『不要把你自己恨的東西，帶給你的同胞，這就是《妥拉》的全部內容。其餘的，只是對《妥

第三章　休謨導師主講「奠定思維邏輯的基石」

拉》的評論而已，去學習這本書吧！』。」

大家聽完這樣的答案，不由得面面相覷。希勒爾長老的話確實很有道理，但這跟灰色地帶有什麼關係呢？大衛·休謨老師似乎看出了學生們的疑惑，於是笑著解釋道：「希勒爾的教誨有一個更為熟悉的版本，那就是黃金法則：『你們想要別人怎樣對待你們，你們就要怎樣對待別人。』」（見圖 3-6）

圖 3-6　關係

張時萌和其他同學都恍然大悟，原來，解決灰色地帶最好的方法就是不要「恨」。如果你製造了灰色地帶，在滿足自己慾望的同時，不要給同胞們帶去困擾；當你陷入灰色地帶，也不要帶著恨意生活，而是要陽光樂觀地往前看。

大衛·休謨老師看著若有所思的同學們，笑得更加燦爛了：「不錯，同學們。在各位遇到灰色地帶的時候，不要或黑或白地走到底，而要用邏輯思維思考，就算不能解決困境，也不至於被困境困得焦頭爛額嘛！」

學生們都被大衛·休謨老師的幽默逗笑了。大衛·休謨老師趁熱打鐵道：「各位，灰色地帶在邏輯學裡一直是一個熱門話題，但還有一個熱門話題，同樣對各位很重要，那就是堅持與放棄的問題，具體情況，還且聽我慢慢道來 ——」

第四節　追根究底還是半途而廢

大衛‧休謨老師在講完灰色地帶後，又向學生們拋出了問題：在面對大千世界的萬千事物時，究竟是該義無反顧地堅持下去，還是應該直截了當地放棄。

學生們一聽這個問題，立馬聊得炸開了鍋。大衛‧休謨老師控制了半天場面，才讓學生們稍稍平靜了一些。

大衛‧休謨老師一邊感慨著學生的熱情，一邊用手帕擦著額角上的汗珠：「各位，各位，大家需要知道的是，有些選擇題的選項並不是相互排斥的，也不是全盤肯定或全盤否定的，這才是選擇的困難之處。」

大家聽了大衛‧休謨老師的話，這才安靜下來，繼續聽大衛‧休謨老師往下講。

大衛‧休謨老師調皮地笑了笑：「就比如我們的男同學，你對一個美麗姑娘的看法，不是喜歡或者不喜歡就能夠衡量的，而是你對她究竟有多喜歡，喜歡的程度有多少。」

男生們都笑著點了點頭。

大衛‧休謨老師接著說道：「你對一份工作的熱愛程度，並不是三言兩語就能概括的。這些都不是簡單地給出答案的問題，現如今，影響人們做決定的因素，已經從二選一變成了求取權重值選擇。」

大家都點點頭，一個男生撓了撓頭髮，說道：「您說得太對了。大衛‧休謨老師，我就有選擇困難症，因為我總覺得很多事情都讓我難以取捨。大部分事物於我都像雞肋一樣，食之無味，棄之可惜。」

第三章　休謨導師主講「奠定思維邏輯的基石」

　　大衛‧休謨老師和善地微笑說：「是啊，選擇困難的人經常會遇到這樣的情況：喜歡一個姑娘的勇敢和大方，但是卻不能接受她的強勢和莽撞，這時候，很多人都會陷入『堅持下來，好好在一起，總會好起來的』和『還是趕快放過彼此，去找一個更合適的人』的圈子。似乎怎麼選，都不能讓自己滿意。」

　　男生拚命地點頭表示贊同。大衛‧休謨老師接著說：「還有，你喜歡當前工作對你的磨礪，讓你成長，但是卻不喜歡長期的單調和無趣。這個時候，你就會產生這樣的想法：是堅持下去，好好工作，走上人生巔峰；還是儘快辭職，不在沒有價值的事情上浪費生命？」

　　張時萌點點頭，是啊，自己也經常遇到這樣的問題，似乎很多事情都是這樣：不管怎麼選，都不能讓自己完全滿意。

　　大衛‧休謨老師神祕地一笑：「各位，其實，這裡面隱藏著一個關於邏輯學的訴求：儘快分手、辭職，是為了避免更多的沉沒成本，賺取更多的機會成本；而堅持下去，則是出於前期投入，無法放棄沉沒成本，以為時間越久，獲得價值的機率越高，也可以看成如果有一個確定性可以獲得價值的提示，大多數人會選擇留下來繼續。」（見圖 3-7）

　　張時萌在大學的時候上過經濟學，知道這裡的沉沒成本就是指無法挽回的東西，既然怎樣都無法挽回，還不如瀟灑果斷地放棄。

避免更多的沉沒成本，賺取更多的機會成本。

圖 3-7　沉沒成本和機會成本

一個女生似乎是鼓足了勇氣，開口道：「這也關乎了勇氣。因為，無論是選擇堅持，還是選擇放棄，都需要過人的勇氣。因為未來不可預估，時機稍縱即逝。」

大衛‧休謨老師為這位女生鼓了鼓掌，表示讚賞，然後說道：「其實，鄙人倒是有一個解決選擇問題的參考方案。」

學生們一聽，紛紛表示洗耳恭聽。

大衛‧休謨老師說道：「各位已經知道了邏輯學中紙上『談兵』的方法，就是把思路整理到紙上，一列優點，一列缺點，這樣能幫助你們對優缺點進行對比，並且在每個優點或缺點旁邊都標明心理指數，用其中的偏差值進行最佳選擇。」

「人的一生，說到底，其實就是堅持與放棄的一生。但是，堅持和放棄的界限往往是十分模糊的，有時候，堅持不一定就意味著成功，反而意味著走進死胡同；而放棄也不意味著失敗，反而能幫助你贏得海闊天空。成王敗寇的絕對性並不多見，能夠在堅持和放棄的選項中張弛有度，這才是一種豁達瀟灑的人生。」大衛‧休謨老師感慨道。

張時萌表示同意，並在心中暗想：大衛‧休謨老師說得沒錯，堅持就是一種信念，放棄可能是一種遺憾，也可能是一種豁達；而堅持可能是一份希望，也可能是一份負擔。人生的正確取捨很難，也很容易。容易的是簡單理解，複雜的是認識過程。

大衛‧休謨老師接著說道：「我記得有一個朋友跟我講了這樣一件事，他在登山的時候，距離峰頂僅有一步之遙，卻果斷地放棄了。後來有人問他：『你怎麼不再堅持一下呢，再走一步，你就成功了。』可他卻說：『再往前走

第三章　休謨導師主講「奠定思維邏輯的基石」

一步，我就可能面對死亡。因為我的生理機能負擔已經達到了極限，能夠看到峰頂，我已經沒有什麼遺憾了。』在他這裡，堅持就是一種錯誤，而放棄卻是一種明智。」

一位男生揚起臉，一臉果斷地說：「其實說到底，人生無所謂堅持與放棄，也無所謂正確與錯誤，更無所謂什麼取捨之道，所謂的是自我認識。」

「不錯，」大衛‧休謨老師贊同道，「堅持與放棄的問題，其實就是一個辯證的統一體，是一個可以相互轉換的相對論。這並沒有多難，不堅持就是放棄，不放棄就是堅持。能夠正確駕馭堅持與放棄的人生才是一份無悔的人生。你不能改變客觀條件，但卻可以改變你自己。至於如何做到這一點，相信各位在今天的邏輯學課堂上都有所收穫了。各位的人生還很長，希望大家都能度過一個不後悔的人生！」

大家都點著頭，對大衛‧休謨老師的這番話報以了熱烈而持久的掌聲。在掌聲中，大衛‧休謨老師微笑著慢步走下了講台。

第四節 追根究底還是半途而廢

第四章

弗雷格導師主講「邏輯學中的謬誤」

　　本章透過四個小節，詳細介紹邏輯學中存在哪些謬誤。本章內容詳實風趣，文字幽默易懂。弗雷格被公認為偉大的邏輯學家，因此，本章使用幽默的語言，穿插了弗雷格的邏輯思維，幫助讀者避開邏輯學中的謬誤。本章透過大量佐證及遊戲，讓讀者在讀透邏輯學的同時，也能在生活中避免出現類似的謬誤。本章適用於希望避開邏輯思維誤區的讀者。

弗里德里希・路德維希・戈特洛布・弗雷格

(Friedrich Frege，西元 1848—1925)

德國數學家、邏輯學家和哲學家。他是數理邏輯和分析哲學的奠基人，代表作為《概念演算 —— 一種按算術語言構成的思維符號語言》。

弗雷格被公認為偉大的邏輯學家，如同亞里斯多德、哥德爾、塔爾斯基。他於西元 1879 年出版的概念文字代表著邏輯學史的轉折。概念文字開闢了新的領域。

第一節　神邏輯一：人多一定力量大

張時萌越來越喜歡邏輯學了，她發現思考是一件很有意思的事情。自從上完大衛・休謨老師的邏輯學課，張時萌變得更有自信，也更善於辯護了。

今天又是哪位老師來講課呢？又會帶來什麼有趣的內容呢？張時萌帶著這樣的想法，愉快地坐到了大堂前面。

張時萌剛坐下，大堂的正中央就來了一位西裝革履，但白鬚滿面的老者。他的鬍子實在是太長了，以至於讓張時萌懷疑眼前的人是馬克思。但在茂密的鬍子上，一雙矍鑠的眼睛正帶著笑意打量著周圍的人。

這究竟是哪位老師呢？正在大家議論紛紛的時候，老者用蒼老卻調皮的語氣開了口：「各位午安！我是今天的邏輯學老師，弗里德里希・路德維希・戈特洛布・弗雷格！」

「什麼？這名字太長了吧！」學生們紛紛笑出了聲。可弗里德里希・弗雷

第四章　弗雷格導師主講「邏輯學中的謬誤」

格老師卻沒有感覺絲毫的不適，只是簡略地做了解釋：「我們德國人的名字，大部分都很長。記得剛到的時候，我跟一位老年人介紹自己，對方竟然以為，我的名字是四個人的名字，還搬來了四把椅子給我。」

學生們笑得更厲害了，氣氛也一片輕鬆。

弗里德里希・弗雷格老師笑著說道：「大家知道，名字長了很有氣勢，但也很不方便。那麼，人多了，力量就一定大嗎？我記得，好像有句俗語，就叫『人多力量大』。」

大部分學生都點了點頭，但是張時萌卻覺得這句話有些沒道理。

弗里德里希・弗雷格老師也沒有給出自己的結論，只是笑了笑：「這樣吧，我先跟各位講兩個小故事。」

大家一聽有故事聽，都正襟危坐，豎起耳朵來聽。

弗里德里希・弗雷格老師說道：「第一個故事發生在一九八〇年代，可口可樂大家都很熟悉吧？當時，它為了應對百事可樂的挑戰，決定推出一款口感更柔和、口味更甜、泡沫更少的新可樂。經過市場調查，大多數人也都表示期待新可樂的口味。結果，就當可口可樂方面宣布更改其行銷九十九年的配方，用新可樂取代老可樂的時候，卻遭到了消費者的抵制。」

學生們一聽都納悶了，這是為什麼呢？

弗里德里希・弗雷格老師接著講道：「一群消費者甚至發起了抵制新可樂的運動，還威脅可口可樂公司說『如果推出新可樂，將再也不買可口可樂』，於是，可口可樂公司被迫屈服，再次公開宣布恢復老配方的生產。」

張時萌聽了後，有些不理解其中的含義，只有少部分學生露出明瞭的眼神。

弗里德里希・弗雷格老師笑著說：「各位先別急，我這裡還有一個小故事，請大家聽我道來——各位都知道羅斯柴爾德家族吧？」

大部分同學都表示知道。

弗里德里希・弗雷格老師接著講道：「當法軍和英軍在滑鐵盧展開大戰的時候，羅斯柴爾德透過情報人員得知了戰爭的結果。但是他不動聲色，大量拋售英國公債，誘導大批公債者跟他一起狂拋，導致英國公債的價格急速下跌。而且越下跌越有人跟風拋售，造成惡性循環。就在這個時候，羅斯柴爾德一舉買下大量英國公債，三天後，英國軍隊勝利的消息才傳到倫敦。此時的羅斯柴爾德持有了大量的英國國債，成為英國政府最大的債權人，牢牢掌控了英國的經濟命脈。」

學生們聽得熱血沸騰，對羅斯柴爾德產生了既嫉妒又崇拜的情感。

「那麼，這兩個故事的背後都包含了怎樣的邏輯學知識呢？」弗里德里希・弗雷格老師笑著發問了。

大家想了很久，每個人的心裡都有一個模模糊糊的概念，但卻說不出來。

弗里德里希・弗雷格老師笑了笑，說道：「可口可樂的故事裡，它忽略了群體的因素，顧客認為九十九年不變的配方象徵了傳統的美國精神，放棄可口可樂就意味著一種背叛。羅斯柴爾德的故事，則是羅斯柴爾德利用了群體盲目跟風、容易恐慌的特點，達到了自己的目的。」

「中國俗話說，人多力量大、眾人拾柴火焰高，可我不這麼認為，」弗里德里希・弗雷格老師說道，「如果力氣不往一處使，就算有再多的人，力量也不可能大，你們的《淮南子・兵略訓》中有句話，叫『千人同心，則得千人

第四章　弗雷格導師主講「邏輯學中的謬誤」

之力；萬人異心，則無一人之用。』」

　　張時萌點點頭，弗里德里希‧弗雷格老師說得有道理，就像拔河一樣，雙方人都很多，但是一幫人拉一邊，力氣不往一處用，肯定就會僵持住。（見圖 4-1）

　　弗里德里希‧弗雷格老師笑著說：「所以，這個人多一定力量大就是邏輯學上的一大謬論，因為人不是靜止的動物，而是方向各異的能量。如果大家相互推動，『人心齊，泰山移』，那效果自然是事半功倍的；同樣，如果人心不齊，相互牴觸，就注定會一事無成。」

圖 4-1　拔河

　　「再拿責任心舉例吧，」弗里德里希‧弗雷格老師接著說道，「『天下興亡匹夫有責』這句話，經常被人解讀成『天下興亡，人人有責』，可人人有責的結果，往往就是人人無責。中華文化典故中，為什麼三個和尚沒水喝？孩子多了不養老？原因就是人多了，人心各異，分到每個人肩膀上的責任感就會減少。」

　　張時萌和同學們聽得心服口服，沒想到這位德國老師對中華文化的了解這麼深。

　　弗里德里希‧弗雷格老師笑著說：「其實啊，除了人多一定力量大之外，邏輯學裡還有不少謬論呢，如以出身論英雄就是一個典型的邏輯學謬論。各

位且聽我講來 ——」

第二節　神邏輯二：以出身論英雄

弗里德里希・弗雷格老師此言一出，立馬在學生中間引起了強烈討論。

大家七嘴八舌地說道：「我有一個朋友，成天不學無術，只因為自己的老爸是公司的廠長，現在已經回家準備子承父業了。」「我同學和我一起考公務員，因為她媽媽是處長，考上公務員直接就幫她安排工作了。」

這樣的聲音持續了很久，弗里德里希・弗雷格老師等討論的聲音慢慢低下去後，才笑著開了口：「看來大家都對出身問題頗有感觸啊。」

一個男生用不太和善的口氣說道：「當然啦，弗里德里希・弗雷格老師，您對中國了解這麼深，難道沒聽過一句話，叫『我爸是李剛』嗎？何況家庭出身問題一直就是嚴重的社會問題！」

弗里德里希・弗雷格老師搖了搖頭，說道：「其實，這個問題牽涉的面積很廣。例如，一個國王下令抓走所有知識分子，甚至要抓走與知識分子有關係的人。因為國王認為，有知識的人會對自己的王位帶來威脅。但是，讓國王沒有想到的是，知識分子可能不多，但知識分子的子女、親戚、朋友卻很多，如果把全國與知識分子有關的人都抓起來，那監獄一定是不夠用的。何況，與知識分子有關係的人，就一定學識淵博嗎？這也是一個值得商榷的問題。」

一個戴著眼鏡的男生舉手說道：「弗里德里希・弗雷格老師，有一副對聯，叫『老子英雄兒好漢，老子不行兒混蛋』，這也說明了出身對人影響巨大啊。」

第四章　弗雷格導師主講「邏輯學中的謬誤」

弗里德里希·弗雷格老師嚴肅地說：「我認為，這副對聯就是對那些出身不好的青年的侮辱。我知道你們中華文化，這副對聯是當初的山大王寶爾敦說的，這副對聯在封建社會就沒造成什麼好作用，在現代怎麼還有人信呢？」

戴眼鏡的男生面露慚色，但還咬牙堅持：「但家庭環境對孩子的影響的確很大，這是不可否認的。很多人奮鬥一輩子，所得到的還不如富二代的起點，不是嗎？」

弗里德里希·弗雷格老師搖搖頭：「這句話等你拚盡全力再說吧，不管哪個顯赫的家族，其崛起的第一人都是普通人。這副對聯不是真理，而是錯誤，它的錯誤就在於：片面地認為家庭影響會超過社會影響，從而忽視了社會影響的決定性作用。我這麼說吧，這句話就是只承認老子的影響，認為老子的影響超越了一切。而實踐則會給你完全相反的結論：社會影響遠遠超過了家庭影響，家庭影響服從社會影響。」（見圖4-2）

不管哪個顯赫的家族，其崛起的第一人都是普通人。

圖 4-2　第一代

戴眼鏡的男生思考了很久，表示贊同弗里德里希·弗雷格老師的理論，然後坐下了。

弗里德里希·弗雷格老師接著說道：「要知道，每個人在出生的時候都必然會受到兩種影響——家庭影響和社會影響。即便孩子在溫馨的家庭成長，

也終有一天會邁入學校或社會的大門。這時候，老師或領導的話，往往比家長更有權威性，因為集體教育會讓孩子產生更強的共鳴感。這也使得社會影響超越家庭影響，成為主流。」

張時萌點點頭，在當今社會中，朋友的陪伴、前輩的教誨、各種傳媒的薰陶、習慣的培養、工作的陶冶等，都會帶給一個人深入骨髓的影響。而這些社會影響帶來的效果，也是家庭影響無法與之相抗衡的。

「當然，家庭影響也是很重要的，因為家庭影響也是社會影響的一部分，」弗里德里希・弗雷格老師說道，「但是，一個人家庭影響的好壞，並不能機械地、一概而論地說成『老子英雄兒好漢』。有時候，父母都是英雄，但卻忽略了孩子的培養，放任自流，說不定最後這個孩子會更加糟糕。父母思想好，但教育不得其法，效果也會適得其反。」

弗里德里希・弗雷格老師頓了頓，接著說：「再比如父母都沒有文化，甚至是罪犯或危險分子，但孩子也未必就不好。列寧就是很好的例子。總之，一個人的家庭影響不管是好是壞，都不能機械地用出身去判定。」

一個身材高大，穿著運動衫的男子說：「整體來說，我們的社會影響還是很好的，起碼大環境很穩定，比一些戰火紛亂的國家要好多了。」

弗里德里希・弗雷格老師讚許地點了點頭：「這位同學說得不錯。不知道各位有沒有聽說過『兩個口袋』的故事。大部分人都喜歡把目光和精力放在缺點和不幸上，卻忽略了優點和幸運。」

大家都點頭表示贊同，弗里德里希・弗雷格老師接著說：「無論你的出身是什麼，如果你被社會上的壞影響感染了，犯了一些錯誤，那你能說你的父母上樑不正嗎？只能說你自己意志力不夠堅定。所以，故意讓人背上家庭包

第四章　弗雷格導師主講「邏輯學中的謬誤」

袱，就是邏輯學中的錯誤思維。要知道，出身好的青年，與出身不好的青年相比，沒有任何優越性。你想要的，靠自己的雙手和智慧也終會達到。」

張時萌點頭稱是，很多人羨慕甚至嫉妒富二代的生活，但那樣的人生真的有意義嗎？哪個富二代的先輩，也都是拼一代。既然人家的父母行，自己又為什麼說不行呢？

弗里德里希・弗雷格老師總結道：「家庭影響也罷，社會影響也罷，這些都是外部因素。如果一味將失敗和挫折歸罪於外因，就是不承認主觀能動性的表現，就是在逃避。人是能夠選擇自己的前進方向的。這是因為真理總是更強大，也更具吸引力。如果你真的承認內因起決定作用，那你就不該認為家庭影響比什麼都強大。否則，只能表明你的邏輯思維混亂到一鍋漿糊的程度了。」

大家聽了弗里德里希・弗雷格老師的一席話，不由自主地響起了熱烈的掌聲。

第三節　神邏輯三：把迷信等於信仰

弗里德里希・弗雷格老師喝了口茶，等同學們的掌聲稍稍停息後，又拋出了第三個問題：「各位，相信大家都是有信仰的人吧？」

有的同學表示自己信佛教、信基督教等宗教，有的同學表示自己信仰和平等正能量的東西，也有同學表示自己什麼都不信。

弗里德里希・弗雷格老師笑了笑，問了一個犀利的問題：「請問各位，信仰等同於迷信嗎？」

這句話把一大半學生都問住了。張時萌也積極開動腦筋，思考這個

問題。按理說，信仰和平等東西，應該不是迷信，可是宗教信仰算不算迷信呢？

信仰是基於對道理的明白而選擇去相信，是一種心靈的寄託。

圖 4-3　信仰

弗里德里希‧弗雷格老師彷彿看出了大家的疑惑，也就不再賣關子了：「各位想解答這個問題，就要明白迷信和信仰的區別是什麼。迷信，就是一種盲目的崇拜，是好奇心驅使你相信這個東西；而信仰則是基於對道理的明白而選擇去相信，是一種心靈的寄託。」（見圖 4-3）

張時萌覺得自己有點聽懂了。

弗里德里希‧弗雷格老師接著說：「迷信的理論沒有科學依據，只是對其信徒製造一種神祕的感覺，用盡渾身解數，讓信徒無法了解事情的真相，甚至用戲法、魔術和騙術等手段，取得信徒的盲目信任；而信仰的對象則是真理，是直接告訴你人生的真相。所以信仰很簡單，不會投你所好，也不會遮遮掩掩。」

「當然，對於講求宗教自由的國家，宗教只能給人以心靈安慰，在古代更是君主控制人心、鞏固政權的手段，」弗里德里希‧弗雷格老師說道，「像祭祀、求神、叩拜、捉鬼等行為，其實都是迷信的表現。做法的人內心不一定純潔高尚，這些都只是迷信的形式罷了。而信仰則注重實質，注重純粹，精神方面更加坦誠。」

「那麼，宗教就是迷信嗎？」一個戴著佛珠的年輕男子問道。

第四章　弗雷格導師主講「邏輯學中的謬誤」

　　弗里德里希‧弗雷格老師搖了搖頭：「聽我說，親愛的學生，迷信的人都會停留在感性意識層面，所以經常會動搖、懷疑；而宗教的信徒們，則會堅持不動搖，甚至為了維護宗教捨生取義。此外，宗教會衍生出一套理論，所以將宗教看作迷信是不客觀的。因此，宗教也是一種信仰。」

　　張時萌聽著聽著，不由得脫口而出：「我明白了，迷信的人，其缺陷就在於『迷』，迷而不覺，才會排斥真理，拒絕進步，也拒絕與其所知相悖的其他理論，甚至迫害那些意見相左的人；而信仰則會讓人保持自己的智慧和理智，開放思想，堅定自我，堅持以理服人。迷信可能會讓人上當受騙，吃虧受苦；但信仰正當宗教的人，則會獲得心靈上的滿足與慰藉，甚至幫助身邊的人共同向善。因此，迷信和信仰從本質上就是不同的。」

　　弗里德里希‧弗雷格老師讚許地笑了，說道：「迷信，說實話，就是一種唯心主義，其理論也是人為創造出來的，製造這種迷信理論的人，往往也都害怕經受實踐的檢驗，因為他們害怕露餡；而信仰的對象則是真理，是客觀的規律，更不是靠想像就能得出來的。」

　　剛才戴佛珠的年輕人又把手舉了起來，徵得弗里德里希‧弗雷格老師的同意後，男生緩緩開了口：「可是，佛祖也是人為臆想出來的吧？」

　　弗里德里希‧弗雷格老師笑了笑：「看你戴著佛珠，看來修行還是不夠啊。要知道，釋迦牟尼佛只是講述佛法而並非發明佛法，佛法在宇宙中一直客觀存在；孔子、釋迦牟尼佛都是述而不作。佛教理論等於是求證宇宙終極真理的人，再返回地球告訴我們的，因此，佛法在某種程度上是高於科學的，也是終極的科學真理。」（見圖 4-4）

　　在座同學都聽得暗暗咋舌，想不到弗里德里希‧弗雷格老師在佛法上也有不淺的造詣。

圖4-4　佛

弗里德里希·弗雷格老師用手輕輕點了一下張時萌的方向，說道：「就像這位同學說的，迷信的含義，更多會傾向於盲目地相信、不理解地相信，而人們參加迷信活動，往往也是跟風活動。最根本的原因，就在於這些人沒有邏輯思維能力，所以不能判別這件事的真假，對事物的本質分辨不清。迷信的人盲目地把自己的行為同信仰畫上等號，這才是最悲哀的。」

大家都拍手稱是，弗里德里希·弗雷格老師愉快地說：「所以，迷信的特徵主要有以下幾點：當事人不具備邏輯思維，不能分辨事物本質；沒有判斷能力，輕信他人；盲目地追隨別人，用暴力等手段強迫其他人與其思想統一，對自己或他人造成實質性傷害。」

「而信仰則是人們對理論、學說、主義的信服和尊崇，是人們活動時的行為方針、準則和指南，信仰是決定人們是否要做某件事的根本態度；信仰是信念的一種，是信念最集中、最高的表現形式；信仰是科學事實，是確鑿的證據，也是人們的價值觀、人生觀和世界觀的持有和體現。」弗里德里希·弗雷格老師總結道。

「用邏輯學語言說，」弗里德里希·弗雷格老師調皮地笑了，「信仰就是一種意識，是意識對物質的反作用。因此，各位千萬不要把迷信和信仰等同起來哦！」

大家都露出了會心的微笑。

第四章　弗雷格導師主講「邏輯學中的謬誤」

第四節　神邏輯四：感覺經驗很可靠

　　弗里德里希·弗雷格老師講完迷信和信仰的區別後，又引出了另一個話題：「各位，我剛才已經說了，信仰就是一種意識。各位知道，在邏輯學中，理論經驗也是很重要的，但感覺經驗是不是很可靠呢？」

　　張時萌已經深諳套路了，於是張口否定了弗里德里希·弗雷格老師的問題：「感覺經驗當然不可靠，只能當成參考而已。」

　　弗里德里希·弗雷格老師笑容滿面地看了張時萌一眼，說道：「不錯，各位的邏輯思維越來越出色了。懂得質疑和否定，才會驗證自己的結論是否正確。至於感覺經驗很可靠這個問題，不可否認，感覺是人類認識世界的第一步，我們都是透過感覺從內外部環境獲取訊息的。正是感覺和知覺，讓我們從雜亂無章的刺激中接收到了訊息，再由大腦對這些訊息進行整理和識別，從而讓感覺經驗變得更有意義。」

　　弗里德里希·弗雷格老師謙虛地說道：「我本人就是一個感性的人，雖然我的邏輯思維還不錯，但我有時候也會感情用事，也會看重第一印象。因為感覺是我對客觀世界認識的開始，也是最簡單的形式。那麼，什麼是感覺呢？說白了，感覺就是作用於我們的感官，把事物反映到我們頭腦中的東西。」

　　大家都點點頭，確實，每個人都是先從感覺認識世界的。弗里德里希·弗雷格老師接著說道：「我們的世界是一個豐富多彩的世界，有山水、有人物、有花草、有湖海。我們的世界是自然界和社會文化的範疇。任何客觀事物都有很多屬性，而事物的個別屬性都與其整體緊密相連。」

　　弗里德里希·弗雷格老師拿出一個橘子來：「就好比我手上的橘子。用眼

感覺，就能感覺到它橘色的外表、圓潤的形狀；如果用鼻子感覺，就能嗅到它香甜的氣味；如果用手感覺，就能感覺到它光滑的手感、冰涼的觸感和柔軟的程度；如果用味蕾感覺，就能嘗到橘子的酸甜口感……這些，都是我們對橘子的感覺。」

「但是，這些就能讓我們了解橘子的全部嗎？」弗里德里希‧弗雷格老師發問了。

張時萌搖了搖頭，學生們也搖了搖頭。弗里德里希‧弗雷格老師笑著說：「只透過感覺，我們不能了解橘子的全部，我們只有深入了解，才能發現橘子中的維生素 A 能夠增強人體在黑暗環境中的視力和治療夜盲症；中國是橘子的重要原產地之一，柑橘資源豐富，優良品種繁多，有四千多年的栽培歷史等。」弗里德里希‧弗雷格老師笑著說道。

一個男生說：「但我們透過感覺了解到的，也是橘子特性的一部分，怎麼能說不可靠呢？」

弗里德里希‧弗雷格老師看著這位學生，耐心地解釋道：「當然，感覺也是我們認識世界的重要的一部分，但就像剛才那位女同學說的，感覺只能起參考作用，並不是十分可靠的，就像我們人際交往中的第一印象。」

弗里德里希‧弗雷格老師講解道：「第一印象往往決定了之後的人際交往，因為初次認知事物時，我們更依賴於眼睛、耳朵等感覺器官，而不是大腦。很多情侶回憶初次見面的時候，都坦然承認『眼前一亮』，是對方的外表或某個舉動吸引了自己；面試的時候，有些很優秀的應徵者剛說了兩分鐘，面試官就請他出去了，只是因為應徵者和自己的前女友長得很像……這樣的例子數不勝數，我說得對嗎？」

第四章　弗雷格導師主講「邏輯學中的謬誤」

大家都心照不宣地笑了起來，提問的男生也笑著坐下了。

弗里德里希‧弗雷格老師接著說：「所以，我們不難知道，感覺經驗其實是不太可靠的，那麼，提升第一印象就成了相當重要的事情。研究表明，絕大多數人在初次見面的社交場合時，僅用四分鐘就能對社交對象產生整體印象。因此，第一時間所呈現的表情、禮儀、姿態、服飾、語言、眼神、笑容等印象，雖然膚淺，但都會在長時間內影響著你的社交。不管你是否相信，有時候，第一印象就是你唯一一次表現自己的機會，也決定著你的命運。」

大家都聽得心悅誠服。看來感覺經驗不太可靠，但感覺經驗卻不容小覷啊。

弗里德里希‧弗雷格老師接著說道：「那麼，如何給別人留下良好的第一印象呢？我教跟各位一些小竅門。首先，要做到平易近人，帶著微笑與人交談，對對方的話題表示感興趣，不要表現出不禮貌的行為；其次，對自己不熟悉的話題不要瞎說，儘量轉移話題或坦誠相告；再者，不要小氣、不耐煩，也不要讓自己的身體習慣出賣自己；最後，學著寬容坦誠，這樣才能給對方以好的感覺經驗。」

大家聽完都自覺地爆發出熱烈的掌聲。弗里德里希‧弗雷格老師不但講了相當精彩的一節課，還給了這麼多好的建議。張時萌特別努力地拍著手，把心裡的感激透過這種方式，傳達給這位可敬可愛的邏輯學老師。

在熱烈的掌聲中，弗里德里希‧弗雷格老師微笑著向學生們鞠了一躬，慢慢地走下了講台。

第四節　神邏輯四：感覺經驗很可靠

第五章

克里普克導師主講「邏輯學中的迴避」

　　本章透過三個小節，為讀者呈現了一幅邏輯學畫卷。本章內容豐富，佐證詳實，透過簡單明瞭的插圖，讓讀者避免陷入邏輯思維的弔詭。讀者可以透過閱讀本章內容，提高自己的獨立思考能力。本章導師克里普克是有名的模態邏輯語義學的創始人，作者借其犀利幽默的語言，為讀者詳細解讀邏輯的威力。本章適用於希望在日常生活中避免陷入邏輯弔詭的讀者。

索爾・阿倫・克里普克
(Kripke，Saul Aaron)

美國邏輯學家、哲學家。曾任教於哈佛、哥倫比亞、康奈爾和洛克斐勒等大學，西元 1977 年任普林斯頓大學哲學教授，後升任麥科什講座哲學教授，現任職於紐約城市大學研究生中心。他是模態邏輯語義學的創始人和因果 - 歷史指稱論的首倡者之一，認為名詞的指稱主要取決於與使用該名詞有關的社會歷史的傳遞鏈條。以此出發，他進一步闡發了有關專名和通名的理論，並由此構成了現代分析哲學的一個歷史轉折點。著有《命名和必然性》等。

第一節　小心陷入套套邏輯的弔詭

　　昨天的課程讓張時萌激動得一夜未眠，弗里德里希・弗雷格老師真會帶動課堂氛圍，張時萌現在還能回想起昨日課堂熱烈的氣氛，以及弗里德里希・弗雷格老師犀利的語言。

　　因為昨天太激動了，導致休息不足，張時萌今天來得有點晚，等她在座位上坐好後，老師已經走上了講台。

　　張時萌還沒來得及抬頭看看老師長什麼樣子，就聽見周圍人發出了一陣笑聲。

　　張時萌趕緊抬頭看去，只見一個穿著隨意、頭戴草帽的老頭滿面笑容地站在講台的正中央。看著老頭歡樂的表情，張時萌也不由得笑了。這位不像是老師，倒像是去夏威夷渡假的遊客。

第五章　克里普克導師主講「邏輯學中的迴避」

　　這位老師歡快地做了自我介紹：「各位午安！我是今天的邏輯學講師，克里普克！」

　　學生們自發地鼓起掌來，張時萌也跟著拍手，因為看見克里普克老師，就覺得心情很愉快。

　　克里普克老師笑著鞠了一躬，說道：「各位，我有一個問題想問大家——請問四足動物都是有四隻腳的。這句話對嗎？」

　　有了在前面幾位老師那裡的前車之鑒，還有做邏輯謎題的經驗，張時萌和其他學生們紛紛開動腦筋，仔細地思考了這個問題。

　　過了一會兒，一個男生一拍腦門，說道：「啊！四隻動物，可不就是四隻腳的動物嘛！這句話當然是對的了！」其他學生也紛紛恍然大悟，覺得自己被克里普克老師忽悠了。

　　克里普克老師壞笑了一下：「看看，各位，一不小心就陷入了我的圈套中吧？這個問題便是邏輯學中有名的『套套邏輯』。」

　　套套邏輯？好怪的名字，學生們都笑了起來。張時萌暗想，這個名字取得真是貼合實際，擺明了就是套路嘛。

　　克里普克老師接著說道：「所謂套套邏輯，就是指某一言論，在任何情況下都是對的。說得更嚴謹一點，套套邏輯是不可能被想像為錯的。就像剛才我舉的例子一樣，四足動物是否有四隻腳。這句話怎麼可能會錯呢？因為句子的前半部分跟後半部分是一樣的意思啊，即使我們想方設法，費盡時間，也不可能舉出一個反例來。」

　　一個男生說道：「這個套套邏輯還真是屬害，它在地球上不會錯，甚至在全宇宙都不會錯，看來我得多學學套套邏輯。」

克里普克老師笑著搖搖頭，說道：「不錯，這句話的一般性確實厲害，但是，請你告訴我，你從這句話中學到了什麼嗎？沒有，這句話就是空洞的廢話，一點兒實質性的內容都沒有，連半點解釋能力和意義也沒有。這樣一來，學套套邏輯又有什麼用處呢？」

男生不好意思地撓了撓頭。克里普克老師接著說道：「因此，我告訴大家套套邏輯的目的，不是讓你們學習，而是讓你們引以為戒，不要掉進套套邏輯的圈套裡，做無用功。像我剛才講的問題，只是一個很簡單、很一目瞭然的問題。但實際上，空洞而毫無用處的『理論』多得很，很多時候，就連博士也不容易察覺。」

一位短髮的女同學說道：「套套邏輯沒有內容，對邏輯學也沒有意義，看來真是個無用的東西啊。」

克里普克老師又搖了搖頭，笑著解釋說：「我前面也說了，套套邏輯是不可能出錯的，雖然沒有實質意義，也沒有內容，但套套邏輯也可能是一個重要的概念。」

「什麼？重要的概念？」短髮女生一臉不相信，「四足動物都有四隻腳，這樣的問題怎麼做重要的概念啊？」

克里普克老師對她擺擺手，肯定地說：「事實上，很多重要的科學理論，都是從不可能錯的套套邏輯裡尋找概念的。我剛剛也說了，套套邏輯有一個很強的優勢，那就是它的一般性很強。如果我們能對套套邏輯的範圍加以收縮和約束，有時就能變成一個有內容的，但可能錯的理論。從套套邏輯引發出的理論，其解釋能力之強也令人拍案叫絕。」（見圖 5-1）

第五章　克里普克導師主講「邏輯學中的迴避」

「套套邏輯是一個重要的概念，能對科學的理論形成啟發。因為它能為人們提供一個新視角來看世界。認為套套邏輯內容空洞，所以不屑一顧的人，只能叫低手，」克里普克老師笑著說道，「高手是不會放棄任何看世界的角度的，一旦認為大有苗頭，他們就會千方百計地加入各種約束條件，給套套邏輯增加內容，巧妙地把『定義』變為可以解釋現象的理論。」

很多重要的科學理論，都是從不可能錯的層層邏輯裡尋找概念的。

圖 5-1　套套邏輯

克里普克老師接著講道：「邏輯學上，還有一個跟套套邏輯相對應的邏輯，稱為特殊理論。特殊理論由於過於特殊，因此一般性的解釋能力很差。各位已經知道，套套邏輯是理論的內容不足，而特殊理論則是內容太多，以致內容稍微一改，理論就會被推翻。」

張時萌脫口而出：「所以，我們的邏輯應當處在套套邏輯和特殊理論之間。說話的時候，不要說套套理論這樣的廢話，也不要說特殊理論這樣的話。」

克里普克老師肯定道：「不錯，那些足以解釋世事的理論，都一定是在特殊理論與套套邏輯這兩個極端之間的。而科學的進步，也往往是從一個極端或另一個極端開始，再逐步往中間發展的。」

克里普克老師笑著說：「因此，各位不要掉入套套邏輯的陷阱，也不要對套套邏輯不屑一顧哦！」

大家都笑了，克里普克老師搖頭晃腦地接著說道：「正所謂耳聽為虛，眼見為實。但眼見的就一定是真的嗎？」

學生們都表示肯定：「當然啦，親眼見到的事情哪能有假？」

克里普克老師拍了拍手提示道：「邏輯思維，邏輯思維，各位一定要想好了再作答！張口就來可不是邏輯思維者該有的舉動哦！」

聽到克里普克老師這麼說，大家才陷入深深的思考中⋯⋯

第二節　將「一些」與「所有」混為一談

克里普克老師等學生們思考得差不多了，才緩緩開口道：「有時候，我們會因為這樣或那樣的原因而看不到事實的真相。我們親眼所見的東西，或許是別人想要你看到的，或許是你自己想要看到的。不管怎麼說，我們都必須全面地看待問題。如果單純地從某一個方面看待問題，就可能得到錯誤的結果，把片面的內容當成該事物的全部。」

一個戴著超厚眼鏡的大學生說道：「克里普克老師，您能跟我們舉個例子嗎？為什麼親眼見到的事情就不是真的呢？」

克里普克老師笑著說：「當然可以，我親愛的學生，我就跟各位舉一個例子來說明吧。從前，有個農夫開了一個養雞場。開業的第一天，他就被一個基督教徒騙走了兩隻雞。於是，農夫氣憤地立下牌子，上面寫著『小偷、騙子與基督教徒禁止買雞』，他拒絕和所有的基督教徒來往。因為在他看來，所有的基督教徒都是一樣的 —— 表面上道貌岸然，實際上言行相當惡劣。農夫認為，所有的基督教徒都是假仁假義的小人。」（見圖 5-2）

第五章　克里普克導師主講「邏輯學中的迴避」

圖 5-2　買雞

學生們都笑起來，這個農夫也太偏激了。

克里普克老師接著說：「有一天，一個傳教士聽說了這件事，就來到農夫的農場買雞。他在所有雞裡挑了最瘦最小還脫毛的病雞，準備買下來。農夫很奇怪：『你為什麼要買這隻雞呢？這是最不好的雞啊！』傳教士卻說：『我就要買這隻，不僅如此，我還要把這隻雞放到我家門口，再立個牌子，告訴所有路人，說這隻雞是從你這裡買來的，你的雞都很糟糕！』」

學生們暗暗咋舌，這個傳教士肯定把農夫氣壞了。

果然，克里普克老師講道：「這個農夫不由得勃然大怒：『我這兒的雞都是上好的！只有這一隻不好，你怎麼能因為這一隻雞，就說我所有的雞都不好呢？』傳教士聽了這話，趕緊說道：『你不也是一樣嗎？就因為碰到一個品行不端的基督教徒，就說所有的基督教徒都品行惡劣。這還不是因為個別，就否定全部嗎？』」

戴厚底眼鏡的大學生恍然大悟地笑了，果然眼見不一定為實啊。農夫此舉，會讓所有人都認為基督教徒不好，但實際上，他們並不知道農夫只是受

了其中一個基督教徒的欺騙。將「一些」和「所有」混為一談，真的讓人很頭疼啊。

一個男生舉起手，在徵得克里普克老師的同意後，很無奈地起身說道：「我是屏東人，只因為一部分屏東人水準不高，就有很多人說『南部人全都沒水準』。其實，說這種話的人，才是毫無邏輯思維的表現。」

克里普克老師笑著說：「是啊，事實就是如此。很多人都會犯這樣的錯誤，因為一個人的所作所為，就否定了所有人的所作所為。在邏輯學上，這樣的思維就是以偏概全。例如，日本流行的『名古屋出來的都是醜女』，就是典型的以偏概全的例子。你應該放正心態，對這樣的理論不予理睬，不予介懷才是。」

男生心悅誠服地坐下了，克里普克老師接著說：「就像公雞往往只注意到太陽，而貓頭鷹則只注意到了月亮和星星，如果單純從它們的角度，它們會認為這世界上也許只有太陽或者只有月亮、星星。」

克里普克老師笑著說：「我們不能因為吃過一次虧，或者上過一次當，甚至只是聽別人道聽途說，就片面地認為這個世界沒什麼好人；我們也不能因為在戀愛中受過傷，就認定全世界的異性都是壞人。我們每個人看到的事情都是有限的，不能因為一些事實就否定所有的一切。」

張時萌贊同道：「所以，我們從現在開始，就要學會全面地看待問題！很多人都因為他人的片面和偏激而深受傷害。而且，對於那些你認為『原本就是這樣』的事情，你現在應該重新認識，因為『這只是我個人的看法』。」

克里普克老師說：「沒錯，以偏概全就是典型的邏輯謬誤，而邏輯謬誤就是削弱論證的那些缺陷。學會在自己和他人的文章中找出邏輯謬誤，就能提

高對自己讀到的、聽到的、論證的
判斷能力。關於邏輯謬誤，重要的
是應該認清兩點。」（見圖 5-3）

　　大家都豎起了耳朵，聽克里普
克老師有什麼高論，克里普克老
師接著說：「第一，存在邏輯謬誤
的論證是非常正常的，也是很常見
的，而且非常令人信服。而且，在
報紙、廣告和新聞等傳媒中，都能
找到眾多存在邏輯謬誤的實例，因
此，觀眾和聽眾都很容易受到邏輯
謬誤的影響。第二，人們很難判斷
某個論證是否存在邏輯謬誤。有時候，一個論證會顯得十分蒼白無力，但卻
是質樸的真理。而有的邏輯看似非常有力，甚至包含很多步驟或章節，但卻
是邏輯謬誤。因此，我們必須嚴密審查得到的論證，甚至變『無力』為『有
力』。」

圖 5-3　邏輯能力

學會在自己和他人的文章中找出邏輯謬誤，就能提高對自己讀到的、聽到的、論證的判斷能力。

　　張時萌帶頭鼓起掌來。克里普克老師喝了口水，笑著說道：「各位都聽過
三人成虎的故事吧？」學生們紛紛點頭。

　　克里普克老師愉快地說：「那麼，我接下來的內容就是邏輯學上的另一要
點 —— 將謊言重複一百遍，結果是什麼？」

第三節　將謊言重複一百遍的結果

克里普克老師拋出問題後，自己緊接著做出了回答：「莎士比亞說過這樣一句話，『成功的騙子，不必再以說謊為生，因為被騙的人已經成為他的擁護者，我再說什麼也是枉然。』請各位告訴我，為什麼被騙的人會成為堅定的擁護者呢？」

學生們七嘴八舌地討論起來。一個女生說：「因為他們被洗腦了，傳銷組織就是用這樣的方式摧毀對方的意志。」另一個女生同意道：「沒錯，一句話重複得次數多了，給了自己一個心理暗示，讓自己都開始相信自己沒有說謊。」

克里普克老師贊同道：「沒錯，原因只有兩個字 —— 重複。戈培爾有一句名言：『重複是一種力量，謊言重複一百次就會成為真理。』他自己也驗證了這句話。戈培爾是納粹的鐵桿粉絲，原因就在於希特勒的一場演講。」

一個男生驚訝道：「一場演講，就能讓戈培爾死心塌地地為魔鬼效力嗎？」

克里普克老師沉重地點點頭：「是啊，聽完了希特勒的演講，戈培爾變得激動不已，他當場表示『我找到了應該走的道路 —— 這是一個命令』。從那一刻起，戈培爾變得狂熱，他成了納粹主義的代言人，並受到希特勒的賞識，還成了納粹的高層領導者。後來，戈培爾還喪心病狂地發動了宣傳機構的全部人員，進行了德國歷史上前無古人，後無來者的宣傳活動。最後，希特勒成功上台，任命戈培爾擔任國民教育部長和宣傳部長。」

大家都有些憤憤不平。戈培爾以「睜眼說瞎話」著稱，但正如他自己說的那樣，謊話說了一百次，連自己都相信了。

第五章　克里普克導師主講「邏輯學中的迴避」

克里普克老師犀利地說：「戈培爾沒有辜負希特勒，他的宣傳把真正的異端邪說帶入德國人民的腦子裡。戈培爾將新聞、報社、出版社、廣播、電影等牢牢管制在自己手中，讓德國人只能聽到自己這一種聲音，甚至還鼓動學生，要創造新時代。」

「就這樣，戈培爾和他的宣傳部牢牢管制輿論工具，隨心所欲地顛倒黑白、混淆是非，甚至愚弄德國人民。他本人還親自在各種場合出馬，發表蠱惑人心的演說，貫徹納粹思想。就這樣，戈培爾給自己的謊言穿上了真理的外衣。這就是『戈培爾效應』。」

一個學者模樣的中年男子點頭稱是：「的確如此，當老百姓不明真相的時候，宣傳機構就會動用輿論工具製造謊言，透過各種管道將謊言反覆灌輸給老百姓。話重複得多了，便容易得到國民的認可，於是，謊言也變成了真理。」（見圖 5-4）

克里普克老師表示讚賞，並且說道：「重複的力量究竟有多大？你們中華文化也有這樣的傳說。從前，曾參住在費縣。費縣有一個人，和曾參同名同姓，這個人殺了人並潛逃了。有人告訴曾母說『曾參殺人』。曾參的母親正在織布，連頭都沒抬，手裡依舊織布自如：『我兒子不會殺人』。一會兒，又有人跑來相告『曾參殺人』，曾參的母親依舊織布如初，沒有理睬。很快，又

謊言 ➡ 謊言 ➡ 真理

圖 5-4　謊言—真理

您兒子曾參，殺人啦！

圖 5-5　曾參殺人

有一個人過來告訴她『曾參殺人』。曾參的母親終於害怕了，扔下了梭子翻牆逃走。」（見圖5-5）

大家都笑了，看來，再穩重的人也經不住外界的遊說啊。

克里普克老師也笑了：「最開始，曾參的母親處於拒絕狀態，到中間逐漸認同，最後被心理暗示壓倒，選擇逃跑。這是人之常情。國外還有一個著名的實驗也是如此：在實驗者的背上放一塊冰，然後告訴實驗者：這是一塊炭。十幾分鐘過去後，冰塊在實驗者的背後融化了，於是告知實驗者，火炭已經被自己取走。這時，人們驚訝地發現，放冰塊部位的皮膚，呈現的不是凍傷，而是燙傷的痕跡。」

學生們都驚呆了，沒想到謊言的力量竟然如此強大。

克里普克老師說道：「在邏輯學上，將謊言重複一百遍，就能讓自己和別人成功被『洗腦』。但如果你的邏輯思維夠強，就能從對方的話語裡找到破綻，堅定自己內心的想法，不被引入謊言的圈套中。」（見圖5-6）

一個人只會做他相信的事。

圖5-6　相信

「再比如一夫一妻制，這個概念究竟是怎麼來的呢？因為你一出生就會得到這樣的概念，所以你認為這個概念就是對的。殊不知這個概念在泰國就是荒謬之論，因為泰國是一夫多妻制。」克里普克老師喝了口水，繼續舉例道，「再比如，中國古代信奉『君叫臣死，臣不得不死』。當時人生下來就接受這個概念，於是沒有人懷疑這個概念究

第五章　克里普克導師主講「邏輯學中的迴避」

竟對否。現在看來，憑什麼你當皇帝？憑什麼我要全聽你的還要替你死？但在當時，你不會有這個概念，身邊的環境也不允許你有這樣的想法。」

張時萌點點頭，同時嘆了口氣。想到自己剛入律師事務所的時候，大家都形成了「拿人錢財，與人消災」的理念，根本沒人想過這是對是錯，也沒人質疑這個不成文的規定。如今看來，自己已經和伸張正義的初衷背道而馳了。

克里普克老師接著說：「為什麼大部分人的思維都打不開？原因就是這些人從小被這些條條框框的規定限制了，同時也被這些觀念給套牢了。有的人一生都逃不出轉圈圈的軌道。」

「但這也跟我們一個啟示，」克里普克老師笑著說，「一個人絕不會主動做自己完全不信的事，一個人只會做他相信的事。我看這裡有做推銷工作的學生：當你像確定自己性別一樣確定你的產品和事業時，你就一定會實現自己的目標。」

學生們爆發出雷鳴般的掌聲。克里普克老師摘下自己的草帽，向學生們深深鞠了一躬，笑容滿面地走下了講台。

第三節　將謊言重複一百遍的結果

第六章

雷曼導師主講「邏輯學中的錯誤類比」

本章透過四個小節，詳細介紹邏輯學中的錯誤類比。本章內容淺顯易懂，文字幽默風趣，同時佐以大量充實的例證與配圖，讓讀者能切身感受到錯誤類比的內容。同時，讓讀者可以理解，類比其實就是一種維持了被表徵物的主要知覺特徵的知識表徵。本章內容適用於在生活中邏輯思維不夠強，以及受到錯誤類比困擾的讀者。

史蒂芬・雷曼
（Stephen Layman）

西雅圖太平洋大學哲學系主任，1983 年博士畢業於加州大學洛杉磯分校。他的研究領域為宗教哲學、倫理哲學和邏輯哲學。主要著作有《善之形》、《邏輯的力量》、《致疑惑的托馬斯：上帝存在的一個實例》。

第一節　錯誤類比究竟錯在哪裡

張時萌只要一想到上週克里普克老師的課程，就不由得激動萬分。可以說，克里普克老師讓張時萌對邏輯學產生了更加濃厚的興趣。

今天，張時萌也早早地來到了課堂上，她手裡拿著一本剛買的《邏輯的力量》。因為張時萌發現，自己已經被邏輯學的魅力緊緊擄獲了，她渴望了解更多有關邏輯學的知識。

時間一到，學生們紛紛坐好，張時萌也迅速將思緒收了回來。頓時，無數雙眼睛都盯著正中央的講台。

不多時，一位穿西裝，一臉嚴謹卻不失親和的中年男子走到講台正中央。他輕輕呼了口氣，然後對學生們綻開了一個優雅的微笑：「嗨，各位午安，我是今天的邏輯學講師 —— 史蒂芬・雷曼。」

史蒂芬・雷曼老師？張時萌一愣，雖然她確定自己不認識這位老師，但總覺得名字好熟悉，彷彿在哪裡見過。

史蒂芬・雷曼老師環視四周，最終把目光放在張時萌身上。他對張時萌

第六章　雷曼導師主講「邏輯學中的錯誤類比」

親切地笑了笑：「真沒想到，我在這還有這樣的粉絲。我真是太榮幸了。」

張時萌一愣，然後腦子裡突然想到一件事。她不由得舉起了手中的《邏輯的力量》，原來史蒂芬・雷曼老師就是這本書的作者啊！

張時萌對史蒂芬・雷曼老師頓時崇拜起來。

史蒂芬・雷曼老師笑著開始了今天的正題：「同學們，我跟各位說個例子，請各位思考一下正確與否 —— 大家都知道，美國是允許持有槍支的，美國的經濟很發達；英國是允許持有槍支的，英國的經濟也很發達。所以，一個國家若想發展經濟，就要允許公民持有槍支。這句話對嗎？」

張時萌僅僅猶豫了一秒鐘，就給出了否定答案。其他同學們也很快給出了自己的意見：「當然不對，怎麼能這麼比較呢？」

史蒂芬・雷曼老師笑著點了點頭：「各位都知道不對，說明各位的邏輯思維還是相當不錯的。要知道，有很多邏輯學家，也會不小心做出錯誤類比呢。」

錯誤類比？學生們露出了疑問的神色。

史蒂芬・雷曼老師點點頭肯定道：「對，剛才這種比較方法就是錯誤類比，也是我這堂課的重要內容。但是，在講錯誤類比之前，我們要先弄清楚什麼是類比。」

張時萌在初中的時候學過類比，她知道類比是把兩個具有某部分相同屬性的物體放在一起做比較，但邏輯學上的類比是什麼樣的就不得而知了。

史蒂芬・雷曼老師接著說道：「類比其實就是一種維持了被表徵物的主要知覺特徵的知識表徵。在邏輯學中，我們經常會用兩個事物的某些相同或相似特徵，推斷它們在其他性質上也可能有相同或相似特徵的一種推理形式。

類比其實就是一種維持了被表徵物的主要知覺特徵的知識表徵。

圖 6-1　類比

但需要注意的是，類比是一種主觀的、不充分的推理。因此，要確認自己的推理是否正確，還要透過嚴格的邏輯論證。」（見圖 6-1）

大家都點了點頭，表示自己聽明白了。史蒂芬·雷曼老師又說道：「就像我剛才講到的持槍與經濟的問題。如果把兩件風馬牛不相及的事情放在一起，強行比較，那基本上不會得出什麼像樣的結論。除非你能用實踐證明，這其中有直接或間接的因果關係。」

史蒂芬·雷曼老師調皮地笑了笑，接著說：「各位，我還有一個例子。前一陣子，中國和日本因為釣魚台的問題起了摩擦，我有一個中國朋友很氣憤，於是拿著擀麵棒，把自己家裡的鍋碗瓢盆砸了個稀巴爛，而且一邊砸一邊說：『氣死日本人！』我很不解，問他：『你為什麼不去日本砸東西，為什麼砸自己家的東西啊？』我的朋友說：『我氣死他！』我不理解。他解釋道：『你不知道，這些東西都是日本人生產的。』」

學生們聽完啞然失笑，但卻無法反駁，因為這就是現實中發生的事情。中國有很多盲目愛國的人，一夜之間把所有的日本車全砸壞了，讓人啼笑皆非。

史蒂芬·雷曼老師適時總結道：「看看，為了在說話和做事的時候不犯邏輯錯誤，學習邏輯學是一件大有必要的事情啊。在說話和寫作中，如果你的

第六章　雷曼導師主講「邏輯學中的錯誤類比」

邏輯縝密，就能看出人們在說話中容易犯哪些邏輯錯誤，也知道別人犯了這些邏輯錯誤，我們應該如何去反擊。因為在表達中，類比不當是最容易犯的邏輯錯誤，而且這個錯誤還很極端。我們來看看墨子是怎樣說的。」

「《墨經》裡面有兩句話是這樣的，」史蒂芬‧雷曼老師熟門熟路地說道，「『異類不比，說在量。』『木與夜孰長？智與粟孰多？爵、親、行、賈，四者孰貴？麋與鶴孰高？蚓與瑟孰瑟？』」

史蒂芬‧雷曼老師笑著說道：「這兩句話看起來比較難理解，各位需要我這個外國人用大白話跟各位翻譯一下嗎？」大家都高呼需要，張時萌也想聽聽史蒂芬‧雷曼老師對中華文化究竟了解到了怎樣的地步。

史蒂芬‧雷曼老師信手拈來道：「異類是不能相比的，原因就在『量』的標準不同。比如木頭和夜晚，一個是空間長度，一個是時間長度，你能說出誰更長嗎？智慧和粟米，一個是精神財富，一個是物質財富，你能說出誰更多嗎？爵位、親人、德行、物價，四種東西哪個更貴重？作為走獸的麋，與作為飛禽的鶴，你能判斷誰更高嗎？蟬鳴與琴瑟，你能說出哪個更悲傷嗎？因為這些事物之間都有本質區別，如果強行比較，只能得到荒謬的結論。

大家都給史蒂芬‧雷曼老師鼓起掌來，史蒂芬‧雷曼老師對大家紳士地笑了笑，開始了下一個話題。

第二節　專家的蠢話尤其愚蠢

史蒂芬‧雷曼老師先跟大家講了一個笑話：「有兩隻烏龜，他們趴在田邊一動也不動。一個專家走過來問旁邊的農民：『這兩隻烏龜在幹嘛呢？』農民說：『它倆比沉默呢，誰說話誰就輸了。』專家突然看見其中一隻烏龜的殼上

有字，於是指著它說：『據本專家多年研究，這隻烏龜已經死了五千年了。』這時，另一隻烏龜伸出頭叫道：『死了也不說一聲！害我在這裡乾等！』話音剛落，另一隻烏龜大笑著把頭伸出來說：『你輸了！傻瓜，專家的話你也信！』」

大家聽完都笑了，同時也很無奈，不知從什麼時候起，專家的話成了蠢話的代名詞。史蒂芬・雷曼老師笑著說：「各位不要沮喪，現在全世界的專家都廣泛受到質疑，因為有些專家說出來的蠢話尤其愚蠢。」

張時萌不由得脫口而出：「國外也有這麼不可靠的專家嗎？」問完這個問題，張時萌也不好意思地笑了。史蒂芬・雷曼老師回答道：「當然，國外不可靠的專家也有很多。例如，一位母親把自己一歲多的孩子『畫』的圖案發到了網上，沒想到卻得到了歐洲藝術界的關注！在那些歐洲大師眼中，這幅畫簡直是梵谷再世才能畫出來的神作。直到真相大白的那天，他們才紛紛閉上金口。」

大家都笑了，史蒂芬・雷曼老師接著說：「當時，有很多偽文青都跟風起鬨，說這幅畫價值連城，甚至還把畫想像成某位大師未發現的遺珠。其實，這種現象很常見。我也越來越發現，現代人過於注重知識的累積。遇到問題就立馬搜尋答案，很少運用自己的頭腦去思考，這就導致你的獨立思維能力逐步下降。」

「我有一個習慣，這個習慣也是大部分邏輯學家都有的，那就是每次思考的時候，都會把內容寫在白紙上，」史蒂芬・雷曼老師說道，「我覺得，當我看到紙上的空白時，就會湧現大量的靈感。在一邊整理，一邊探討的過程中，我的邏輯思維也產生了飛躍的進步。」

張時萌表示贊同。每個人都有自己的思維方式，世界上最蠢的不是專家

的蠢話，而是不經篩選，直接用別人腦子思考的人。如果問題不靠自己的力量去解決，那又有什麼意義呢？

史蒂芬・雷曼老師笑著說道：「作為一名專家，本就在某一領域有建樹，既然如此，就更應該謹言慎行，不要散播不實傳言擾亂民眾思維。我記得有位專家，曾經發布了這樣一條消息：空腹吃食物不好。這條明明白白的蠢話，卻被無數人轉發了上萬條。如果各位看到這樣的消息，連腦子想都不想，直接便轉發散播出去了，又怎麼好意思說自己是邏輯人呢？」

「各位從小接受教育，應當知道鑑別真理正確與否的是實踐，而不是書本或某個專家的話，」史蒂芬・雷曼老師聳了聳肩，接著說道，「遇到專家的蠢話，邏輯思維會告訴你們如何鑑別。你也會發現專家也不過如此，如果專家沒有邏輯思維，那比普通人還不如，起碼普通人不會掀起這麼大的蠢話風波。」

學生們都笑了。

史蒂芬・雷曼老師拍拍手，說道：「我可以肯定地說，各位積累在大腦裡的知識，正不斷地和這個世界脫節。因此，當各位遇到沒有辦法得到結果的難題時，請一定要相信自己，並且努力推導出屬於自己的結論。因為這種不被他人的意見洗腦，不坐等別人給出現成答案的態度，才是邏輯學所提倡的！」

張時萌感慨萬千地點了點頭。是啊，恰如史蒂芬・雷曼老師所說，什麼是人才？什麼是真正的專家？就是那些「能夠獨立對事物進行分析、思考，並且提出新的構思，以此推動事業發展」的人。因為這些人會透過邏輯思維，對遇到的問題進行徹底的分析，找到本質的問題，並提出解決方案。不管面對何種狀況，有邏輯思維的人都能保持前進的腳步。

　　史蒂芬·雷曼老師攥住雙拳，強調道：「最重要的一點，就是不要讓你的思維僵化。一定要不停地提出問題，用自己的頭腦去思考。各位不要覺得邏輯思維是一個多高大上，多難的東西。最怕的是各位看到問題時，會出現『到時候再說』『我查一下答案』或『我去問問別人』這種懶惰的態度。你只要看到問題的時候，自然而然地在頭腦裡思考『我該如何做呢』這樣的問題就可以了。當你養成這樣的習慣後，才能取得長足的進步。」

　　一個穿著西裝，打著領帶的年輕人說道：「史蒂芬·雷曼老師，我有個毛病，就是不懂得堅持自己的想法，總感覺自己沒有權威人士那麼正確。」

謙虛是好事，但沒必要妄自菲薄。

圖 6-2　謙虛

　　史蒂芬·雷曼老師笑著說道：「謙虛是好事，但沒必要妄自菲薄。當你懷疑自己的時候，只能說明自己對這個答案也不篤定。比如今天專家說『人類的手指都有六根』，你會覺得他說的話可靠嗎？不會，因為你很明確『人類的手指不一定都是六根』這個想法。所以，這個問題也很好解決 —— 找到證明自己觀點的例證就可以了。」（見圖 6-2）

　　年輕人心悅誠服地點點頭，坐下了。史蒂芬·雷曼老師神祕一笑，接著說：「剛才我對墨子先生的言論的一番解析，想必讓大家都大吃一驚吧？」

　　張時萌和學生們紛紛點頭稱是。史蒂芬·雷曼老師笑著說：「那麼，本人可又要來一番解析啦。這次，我解析言論的對象是 —— 莊子！」

第三節　夏蟲是否可以語冰

史蒂芬‧雷曼老師此言一出，立馬在學生中間引起了轟動。

張時萌又對史蒂芬‧雷曼老師產生了一絲敬佩之情。史蒂芬‧雷曼老師說道：「我對莊子的一句話深表贊同，那便是『夏蟲不可以語於冰者，篤於時也』。大家知道這句話是什麼意思嗎？」

張時萌知道，「夏蟲不可以語於冰」這句話經常和「井蛙不可以語於海」放在一起使用。這句話的意思就是說，活在井底的青蛙，到死的時候也只能生活在巴掌大的井底，你跟它說大海有多大多大，對它來說太虛幻了，它反而覺得你在吹牛；只活在夏天的昆蟲，你跟它說冬天的冰塊有多冷，它沒有見過，自然不信你。

史蒂芬‧雷曼老師笑著說道：「我跟大家講個小故事吧。孔子有一位弟子，某天正在院門掃地，一位渾身翠綠的客人前來拜訪，弟子便上前接待。來客聽說弟子是孔子的得意弟子，便問道：『一年到底有幾個季節？』孔子的弟子心生疑惑，但還是如實回答道：『一年有四個季節，分別是春夏秋冬。』不料來人大怒道：『胡說，孔子的學生竟然如此無知，一年明明只有三個季節。』孔子的弟子按捺不住，與來人爭吵起來。最後二人決定，以磕三個頭為賭注。」

大部分人都露出了確定的神色，一年怎麼可能只有三季呢，明明有春夏秋冬四季啊。只有張時萌和小部分人明白故事接下來的走向。

史蒂芬‧雷曼老師繼續說道：「恰逢此時，孔子掀開簾子從裡屋出來，看見此景便詢問是怎麼回事。孔子的學生自認為勝券在握，於是看見孔子就表現得很高興，一臉得意地問孔子說：『老師，一年有幾個季節啊？』不料，孔

子看了下來人，道：『一年只有三季。』孔子的弟子大驚，只能向來人磕了三個響頭。等客人走後，弟子有些不服氣地問孔子：『一年明明有四季，為什麼您說只有三季？』孔子回答道：『你來看，此人全身都是綠色，是一隻蚱蜢。它春天生，秋天死，一輩子都沒見過冬季，你就算跟它講到死，它也不會信服。』」（見圖6-3）

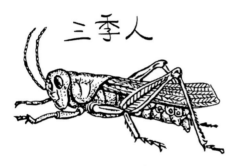

圖6-3　三季人

　　大家都恍然大悟。有些學生小聲嘀咕，蚱蜢成精了？但是，故事講到這裡，真假已經不重要了。這個故事是值得每個人深思的，尤其值得邏輯人深思。當然，每個人的見識都是有局限性的。就比如哥白尼提出日心說，在當時，每個人都認為這是異端邪說，甚至將哥白尼視作魔鬼的化身，要把他綁起來燒死。

　　史蒂芬·雷曼老師搖了搖頭，說道：「由此可見，不與傻瓜論長短才是明智的事。人類總會對未知的事情感到恐慌，這也是人類的本能之一。當然，邏輯人應該竭盡全力維護自己所知的立場，但試想，你若和一個傻瓜爭辯，又能得到什麼？無非是在浪費自己的時間和精力罷了。現如今聰明人越來越多，但不意味著傻瓜越來越少。因為在大部分人心裡，都覺得傻瓜是對方，而自己則屬於聰明人。所以，在你眼裡他是傻瓜，在他眼裡你是傻瓜。爭辯

第六章 雷曼導師主講「邏輯學中的錯誤類比」

是毫無意義的。」

一個男生舉手示意道：「那史蒂芬・雷曼老師，我們就冷眼旁觀即可嗎？當然要把自己的觀點和建議說出來吧？」

史蒂芬・雷曼老師笑著搖搖頭，答道：「爭辯當然是要的，但也要選擇正確的對象，如何避開傻瓜，才是你應該思索的事情。因此，你可以跟你的同學或同事爭辯，畢竟你們是處在同一等級線的人，世界觀、人生觀和價值觀也更趨同，當對某件事情有不同的看法時，會各抒己見，收穫知識的時候也不會覺得累。真朋友都是志同道合的，這句話沒毛病。」

大家都贊同地笑了起來。

史蒂芬・雷曼老師接著說道：「不和夏天的蟲子談論冰雪之事，這句話的原版是『夏蟲不可語於冰，篤於時也；井蛙不可語於海，拘於虛也；曲士不可語於道，束於教也』。最後一句，不能跟鄉下的書生談論大道，是因為他們受到教養的束縛。所以，不與傻瓜爭辯也正是這個道理。」

張時萌點點頭。是啊，從這個意義上講，很多時候我們都沒必要把道理全部跟人家講清楚，因為要考慮你面對的對象值不值得「談」。如果你跟一個一生都沒見過冬天的蟲子說雪，那它又知道那是什麼東西呢？就像張時萌在律師事務所的時候，同事對自己說的那樣：「別跟瘋子吵架，否則旁人會把你也看成瘋子的。」

史蒂芬・雷曼老師說道：「活不到冬天的夏蟲，是永遠無法理解『冰雪』的含義的。我們將其稱為『認識的局限性』。如果對方不是夏蟲，你不但可以語冰，連風花雪月也是可以語的。夏蟲的思維模式，就是它腦子裡的全部內容。它認為，所有的知識已經在自己的掌控之中，對於自己不知道的知識，

則認定是錯誤的，不願接受的。」

「這就形成了很有趣的現象：所知越少的蟲子，能感到的無知就越少；所知越多的蟲子，能感到的無知就越多，」史蒂芬・雷曼老師笑道，「這就是我們在邏輯學上常說的『夏蟲悖論』」。

大家都發出無奈的聲音。確實，現在社會中的「夏蟲」太多了。人人都覺得自己更淵博，更獨一無二，殊不知正是這種思維，才局限了自己的發展。

史蒂芬・雷曼老師說道：「各位還記得我說的錯誤類比嗎？」

學生們紛紛點頭表示記得。

史蒂芬・雷曼老師笑了笑：「那麼，我們對夏蟲不可語冰有了頗多的感想，那錯誤類比又能讓我們引發什麼樣的思考呢？」

第四節　錯誤類比引發的系列思考

學生們七嘴八舌地討論起來。聽大家說得差不多了，史蒂芬・雷曼老師緩緩地開了口：「我們先來說一下類比讓人類引發的思考。類比是人們探索未知的重要方法，我們在生活中也常常用到，而且準確率也是很高的。例如，我討厭不懂裝懂的人，那麼類比別人也會討厭不懂裝懂的人。」

一個戴眼鏡的女生舉手說道：「史蒂芬・雷曼老師，請問類比在科學發現上有什麼重要作用嗎？有例子嗎？」

史蒂芬・雷曼老師笑著說道：「當然有，我親愛的學生。例如，人們看到水波後，就類比到機械波領域，再類比到人們看不見的電磁波，然後類比到各種局部粒子波。這種類比也是人類文明史上的重要發現。宇宙大爆炸各位

第六章　雷曼導師主講「邏輯學中的錯誤類比」

都知道吧？其理論也是類比了太陽的核聚變。我可以毫不誇張地說：是類比思維推動了人類文明的發展，類比思維是邏輯思維的重要組成部分。」

同學們都聽得熱血沸騰，連連點頭。

史蒂芬‧雷曼老師接著將話題引到正題上：「但類比也常常發生錯誤。不僅是我剛才提到的，普通人會發生類比錯誤，就連科學家也經常會運用錯誤類比。例如，楊振寧、李政道在發現宇稱不守恆的過程中：τ 和 θ 是完全相同的同一種粒子，後來被稱為 K 介子，但在弱相互作用的環境中，它們的運動規律卻不一定完全相同，然而在以前物理學家的眼裡，同一種粒子在任何情況下的運動規律是一樣的，不會因為在月球上電子運動規律就不一樣了，不會因為在低溫下電子的運動規律就變了。所以這個類比在 K 介子上就不成立。」

大家聽得有些雲裡霧裡，史蒂芬‧雷曼老師換了一個簡單易懂的例子：「很多人都讀過錢鍾書的《圍城》吧？裡面有句話是這樣寫的：鮑小姐穿衣服很赤裸裸，真理也是赤裸裸的，所以鮑小姐是真理，但鮑小姐又不是完全赤裸，所以修正為局部的真理。這種錯誤類比確實叫人啼笑皆非。」

大家都愉快地笑了，史蒂芬‧雷曼老師也笑著開口道：「我們再看一個錯誤類比推理：剛搬家的教授走到隔壁鄰居家門口打招呼『您好，我是邏輯推論學教授。』鄰居說『您好，邏輯推論是什麼？』教授說『我給您舉個例子吧。您後院有一個狗屋，說明您養狗對吧？』鄰居說『確實。』教授說『你養狗，說明你有個家，就是有老婆。』鄰居說『沒錯。』教授說『既然你有老婆，說明你是異性戀，對嗎？』鄰居拍手稱讚『太對了，邏輯推論真是厲害。』」（見圖 6-4）

有狗 ➡ 有家 ➡ 結婚 ➡ 有老婆 ➡ 異性戀

圖 6-4　邏輯推理

大家都笑了起來。史蒂芬·雷曼老師繼續說道：「那麼，錯誤類比來了！請各位聽好：鄰居過兩天遇到一個住隔壁的男士，於是也想秀一下自己的邏輯推論，便上前搭話：『嘿，我跟剛搬來的教授聊過了，他的工作很有趣。』男士問道：『是什麼工作？』鄰居說：『是邏輯推論。』男士不解道：『那是什麼？』鄰居說：『我舉個例子讓你瞧瞧。你家有狗屋嗎？』男士搖搖頭說『沒有』。鄰居聳聳肩說道：『ok，你是同性戀。』」

史蒂芬·雷曼老師的話音剛落，學生們就爆發出一陣大笑。看來錯誤類比真是讓人哭笑不得啊。

史蒂芬·雷曼老師接著說道：「在日常生活中，這樣的錯誤類比的例子也比比皆是。例如，很多人都學習了『三角形定理』，然後就在網上發問：『都說三角形是最穩定的結構，那三角戀為什麼就不行呢？』這就是一個很常見的錯誤類比。三角形和三角戀雖然都帶『三角』二字，但實質上卻大相逕庭，又怎麼能放在一起比較呢？」

張時萌身邊一位穿工作服的年輕人說道：「沒錯，我們老闆經常讓我換飲水機的桶水。我問老闆為什麼不讓小劉去，老闆說：『你學水利，他學電腦，等修電腦的時候我自然會讓他去。』這句話雖然讓我無法反駁，但這也是錯誤類比吧？」

大家都笑了，史蒂芬·雷曼老師也笑了起來：「當然是錯誤類比。在辯論界有句名言，說一切類比都是錯誤類比。因為大家用來類比的東西都是不同的，所以肯定有地方用來攻擊對方類比不當。」

第六章　雷曼導師主講「邏輯學中的錯誤類比」

史蒂芬‧雷曼老師說道：「那麼，各位聽了這麼多錯誤類比的例子，都引發了什麼樣的感觸呢？」

張時萌率先舉起手來說道：「我覺得，錯誤類比的錯誤，就在於誇大了事物之間的關聯。按照唯物辯證法的觀點，關聯是事物之間以及事物內部諸多要素之間的相互影響、相互作用和相互制約。任何事物都有它不同於其他事物的特殊本質，任何事物之間既相區別又相關聯。如果主觀地忽略關聯的存在，就會把本來有關聯的事物孤立起來，這是錯誤的、形而上學的觀點。而錯誤的類比方式則是誇大了關聯的作用，認為所有東西都有關聯。」

史蒂芬‧雷曼老師讚許地點點頭：「我自己也不能說得比這更好了。因此，我們在遇到兩個相似事物的時候，也要注意關聯的重要性。用邏輯思維看問題。」

張時萌不好意思地笑了笑，暗想：這也多虧史蒂芬‧雷曼老師教導有方。

史蒂芬‧雷曼老師對大家鞠了一躬：「今天的邏輯學課程就到這裡了，請大家以後擅用邏輯思維思考問題，相信各位的邏輯能力也會更上一層樓。」

大家紛紛鼓起掌來，希望用最熱烈的掌聲送別這位優秀的邏輯學家。

第四節　錯誤類比引發的系列思考

第七章
羅素導師主講「邏輯學中的另類系統」

　　本章透過四個小節，詳細介紹了羅素在邏輯學中的著作及觀點。同時借羅素的思考，為讀者展開一幅邏輯學另類系統的畫卷。本章講述了直覺主義邏輯、模態邏輯和次協調邏輯。其中，絕不為錯誤的信仰現身，也是羅素著名的觀點之一。本章適用於邏輯思維較強的讀者，以及希望提高自己邏輯思維能力的讀者。

伯特蘭‧羅素
（Bertrand Russell，西元 1872—1970）

英國首相約翰‧羅素伯爵之孫，二十世紀英國哲學家、數理邏輯學家、歷史學家，無神論者，也是二十世紀西方最著名、影響最大的學者和和平主義社會活動家之一。

伯特蘭‧羅素也被認為是與弗雷格、維根斯坦和懷特海一同創建了分析哲學。他與懷特海合著的《數學原理》對邏輯學、數學、集合論、語言學和分析哲學有著巨大影響。1950 年，伯特蘭‧羅素獲得諾貝爾文學獎，以表彰其「多樣且重要的作品，持續不斷的追求人道主義理想和思想自由」。他的代表作品有《幸福之路》、《西方哲學史》、《數學原理》、《物的分析》等。

第一節　當邏輯面臨「基因變異」

　　張時萌從史蒂芬‧雷曼老師的課堂回來後，就一直回味著課堂內容。在沒上邏輯課之前，張時萌總以為邏輯學是一門枯燥又複雜的學科，直到今天才恍然，原來邏輯學這麼有趣，還與自己的生活息息相關。

　　今天又是哪位老師給自己帶來精彩一課呢？張時萌不由得在心裡暗暗地想。

　　當張時萌在大廳裡坐定後，卻突然發現課堂裡特別熱鬧。大家似乎都聽到了什麼消息，正在激動地討論著。

第七章　羅素導師主講「邏輯學中的另類系統」

張時萌拉住一個男生，問道：「大家都在討論什麼？」

男生有些興奮地說道：「嗯，雖然我也不確定……但今天好像是伯特蘭‧羅素來講課！」

伯特蘭‧羅素？張時萌也有些激動。雖然她對伯特蘭‧羅素老師沒有太多接觸，但也是久聞伯特蘭‧羅素的大名。他不但是邏輯學家，還是諾貝爾文學獎的獲得者，同時在哲學和數學方面也有很深的造詣。張時萌有預感，今天一定會大有收穫。

就在學生們的期盼中，一位瘦削卻精神矍鑠的西方老者緩緩走上講台。老者西裝革履，五官深邃，手持一個老式煙斗。眼前的人不是伯特蘭‧羅素還能是誰？

伯特蘭‧羅素看著一臉激動的學生們，笑吟吟地開了口：「各位午安！我是各位的邏輯學老師 —— 伯特蘭‧羅素。」

等學生們稍稍平靜一些後，伯特蘭‧羅素老師拋出自己的問題：「各位，大家都知道要透過邏輯思維，透過現象看本質吧？我們今天就來談談，這個本質究竟是什麼？」

伯特蘭‧羅素老師的問題一出，張時萌就陷入了思考。本質就是「實事求是」嘛，還能是什麼呢？

伯特蘭‧羅素老師看著一臉疑惑的學生們，笑著說道：「其實，我個人把本質看作『分清邊界』。因為不管哪一種命名，其想要表達的含義都是一樣的：把各種現象分拆歸類，剔除掉無關的因素，剩下的因素就是這一現象的本質。但是，我們在現實生活中，卻總被各種無關的要素矇蔽了雙眼。」

一個戴眼鏡的女生有些不解道：「伯特蘭‧羅素老師，您能舉個例子嗎？

為什麼我們會被無關要素矇蔽雙眼呢？」

　　伯特蘭・羅素老師微微一笑，說道：「我跟各位講個故事吧，各位要認真聽。第二次世界大戰期間，有兩名士兵的關係非常好，士兵 A 對士兵 B 說：『在戰場上，我可以替你擋原子彈。』後來，在一場戰役中，兩名士兵被爆炸的電熱水壺炸到了月球上，士兵 A 的腿被炸傷了，士兵 B 沒有拋棄他，二人一起逃回地球。兩個人的關係更好了。後來，兩個人活到了美國大選。士兵 A 支持川普，士兵 B 支持希拉蕊，士兵 A 就把士兵 B 打死了。士兵 A 很愧疚，於是到中國去散心，這時候收到一條簡訊：『我是希拉蕊，我大選失敗逃到中國，給 ×××× 帳號匯款五十萬，日後雙倍奉還。』士兵 A 想知道，這條簡訊可信嗎？」

　　學生們都張開嘴，一臉不可置信的表情。伯特蘭・羅素老師到底在說什麼啊？伯特蘭・羅素老師看著學生們瞠目結舌的表情，笑得更厲害了：「看，這就是典型的邏輯變異。很多人都會覺得這個故事很弱智，覺得這都哪兒跟哪兒啊？但事實上，我們身邊的很多人、很多事都像我們這個例子一樣，充滿很多無關聯、無意義的元素。想提出一個問題，卻說了很多沒必要的前提介紹；想論證一個命題，卻提到了很多和命題沒有邏輯關聯的內容。」

　　張時萌恍然大悟，自己又何嘗不是這樣呢？每次想說一件事的時候，總會做太多的鋪墊。結果就是讓對方更加迷惑，甚至變得不耐煩。

　　伯特蘭・羅素老師說道：「我們在這個故事中，前面天花亂墜地說了那麼多，什麼士兵 A 和士兵 B 的關係，什麼電熱水壺、月球、地球、支持誰不支持誰，通通都和本質沒有半毛錢的關係。實質就是在問能不能相信最後的簡訊。」

　　一個衣服上印著張鈞甯頭像的女生開口道：「沒錯！您說得太對了，就像

第七章　羅素導師主講「邏輯學中的另類系統」

我每次看電視劇的時候，總會被張鈞甯的演技吸引。但是評論區有很多人根本不看張鈞甯的演技，不看電影本身，非要東拉西扯別的東西。」

伯特蘭‧羅素老師點點頭：「我雖然不認識你說的張鈞甯，但這種情況的確很常見。例如，在考慮要不要離婚的時候，女方沒有想自己能不能繼續忍受男方的家暴，而是顧忌男方是個打假英雄。很多時候，並不是本質很複雜，只是我們需要花費時間，才能看到本質。」

女生點點頭，伯特蘭‧羅素老師接著說道：「看不到本質的根本原因，就是我們邏輯學上常說的『泛邏輯關聯』。例如，在要不要與男方離婚的問題上，『男方對你家暴』就是與問題直接相關的『有效邏輯關聯』；而『男方是打假英雄』『男方拯救了全人類』等，都是與問題沒有直接相關的『泛邏輯關聯』。」（見圖 7-1）

伯特蘭‧羅素老師繼續說道：「『泛邏輯關聯』指的就是某一因素，與主題之間有寬泛的、不重要的邏輯關係。正因為有這種關係存在，才會讓人們在考慮問題的時候，把這一因素考慮進來，從而形成思維干擾。」

張時萌點點頭，原來自己就經常受到「泛邏輯關聯」的影響，在具體問題上，泛邏輯關聯的因素本質上等同於沒有任何關聯的因素。看來以後真的要注意了。

伯特蘭‧羅素老師看著若有所

看不到本質的根本原因，就是我們邏輯學上常說的泛邏輯關聯。

圖 7-1　本質

思的同學們，笑著說：「接下來，我跟各位介紹一下模態邏輯 ——」

第二節　　什麼是模態邏輯

模態邏輯？伯特蘭・羅素老師話音剛落，學生們就立刻陷入了思考：什麼是模態邏輯呢？

伯特蘭・羅素老師笑著說道：「大家都有這樣的感觸 —— 在生活中，我們在剛開始認識客觀事物的時候，不可能一下子就對其十分了解。因此，我們對這些客觀事物的判定，也不可能立刻就得到結論。」

張時萌點點頭，確實是這樣。自己在接觸新事物的時候，總會因為第一印象給對方貼上一個標籤。這就是模態邏輯嗎？

伯特蘭・羅素老師似乎看出了張時萌的疑問，說道：「當然，這並不是模態邏輯。模態邏輯是透過研究模態判斷的邏輯特性及其推理關係的邏輯學。而模態判斷，則是斷定事物情況的可能性。」

一個男生一臉蒙圈地說道：「伯特蘭・羅素老師，您講的是天書啊！有沒有例子能讓我們更容易理解呢？」

伯特蘭・羅素老師無奈地笑道：「好吧，我先問各位兩個問題。海底撈針這件事，有可能實現嗎？」

大家仔細想了一下，紛紛說道：「雖然很困難，但還是有可能實現的！」

伯特蘭・羅素老師笑道：「那水中撈月呢？」

這一次，大家馬上給出了自己的答案：「不可能！水中只有月亮的倒影，又怎麼可能撈起月亮呢？」

第七章　羅素導師主講「邏輯學中的另類系統」

伯特蘭・羅素老師笑著拍手道：「看，各位已經知道模態判斷了。斷定事物可能或不可能的情況，就是模態判斷。在我們剛接觸事物的時候，不會一下子就做出模態判斷，海底撈針和水中撈月可能與否的結論，都是經過無數次考證和總結得來的。」

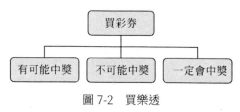

圖 7-2　買樂透

男生有些聽明白了，又有些沒聽明白。伯特蘭・羅素老師看著他似懂非懂的樣子，無奈地說道：「好吧，我再跟各位舉個例子吧。有一個人買樂透，中了大獎一千萬元。甲乙丙三個人聽說後，就去買樂透。甲說：『既然有人中獎，說明它可能中，我們去買吧。』乙說：『別人能中，不代表我們也能中，我們只是可能中獎，所以我們可以試試。』丙說：『別買了，我們絕對中不了。』請問，這三個人誰說的話不對？」（見圖 7-2）

伯特蘭・羅素老師的話音剛落，張時萌就搶答道：「甲和乙是正確的，丙是錯誤的！」

伯特蘭・羅素老師讚許地點點頭：「不錯，丙說的話太絕對了。『絕對中不了』這句話，是對可能性的全面否定。有人買樂透中獎了，就說明這個樂透可能會中，也可能不會中，不存在絕對中不了的概念。這就是我要跟各位講的模態判斷。」

一個戴眼鏡的女生說道：「是呀，萬事哪有絕對呢？有專家就說，中一千萬的機率，要比賺一千萬的機率大得多。」（見圖 7-3）

圖 7-3　機率

大家都笑了。

伯特蘭‧羅素老師也微笑著繼續說道：「剛才我已經跟各位介紹了模態判斷，下面，我就跟各位講解一下與模態判斷相對應的必然判斷。」

張時萌想了想，既然模態判斷是人們對事物進行的一種深入判斷，那必然判斷應該就是人們對事物必然可行或必然不可行的判斷吧？

果然，伯特蘭‧羅素老師舉例子道：「大家都知道，前一陣子禽流感鬧得人心惶惶。有人說，菜市場賣的活雞可能會攜帶禽流感病毒，於是很多人都選擇不吃雞，等這陣子風頭過了再吃。但是，誰也不知道禽流感到底存不存在於這個市場。可能存在，也可能不存在，但是人們更相信它存在，並且避免了買到禽流感雞的可能性。這就是人們的模態判斷趨向必然判斷的

第七章　羅素導師主講「邏輯學中的另類系統」

表徵。」

「哦！我明白了，」一個女生不由自主地說道，「您的意思是，必然判斷就是人們趨利避害的心理！」

伯特蘭・羅素老師笑著點點頭，說道：「不錯，再拿剛才買樂透的例子說。人們明明知道，自己中大獎的機率非常低，但還是不由自主地選擇買樂透，而且是堅持不懈地買。這就是一種必然判斷。」

張時萌看見很多學生都不停地點頭，不由得暗想道：身邊的彩民還真不少！

伯特蘭・羅素老師接著說：「其實，誰能保證菜市場的活雞帶有病毒？說不定所有的雞都是健康的；誰又能保證中樂透大獎的那個人是自己？也沒人能夠保證。大家只是受到心態的影響。而學習邏輯學的作用，就是讓我們用理性的方法，應對生活中的各種事情罷了。」

看見學生們一臉若有所思的表情，伯特蘭・羅素老師愉快地笑了：「各位應該都看過我的書吧？」

有一小部分同學沒有吭聲，但大部分同學都表示看過。伯特蘭・羅素老師有些不滿地說：「各位！本人的拙作還是能讓大家獲益良多的！尤其是我的《數學原理》，那可是集邏輯、數學、語言、分析哲學等於一身的佳作呀！當然，我尤其推薦的是我的自傳……」

大家都調皮地笑了，想不到大名鼎鼎的羅素老師竟然推銷起自己的自傳了！伯特蘭・羅素老師繼續說道：「在本人的自傳中，序言也跟我們的邏輯學息息相關，那便是『我為什麼活著』。」

一個男生不解道：「為什麼活著？這跟邏輯學有什麼關係？」

伯特蘭‧羅素老師神祕一笑：「別急，且聽我慢慢道來 ——」

第三節　直覺主義邏輯：人為什麼而活

伯特蘭‧羅素老師說道：「其實，要想探究人為什麼活著這個問題，還需要從直覺主義邏輯講起。所謂直覺主義邏輯，直覺主義認為人固有地能洞察世界的真相，這種『能』被固化到人的心智裡面，稱為直覺。就像中國古代的『天人』觀念一樣，不過需要反著理解。任何合於人的直覺，都合於天之大道。這是道法於人，而不是人法於道。也像是『造物主』將它自己的『基因』傳遞給了人或其他的物種，該物種透過這些基因最終能構造出造物主的世界。」

大家都聽得雲山霧罩，張時萌不由得開口道：「伯特蘭‧羅素老師，您能講得具體一點嗎？這些學術性的東西，我聽得有些費勁啊！」

大家都使勁點頭表示同意。伯特蘭‧羅素老師無奈地說：「好吧，我就用我在自傳序言中寫到的內容跟各位詳細講解一下吧。我為什麼活著呢？其實只在追求三方面的原因，這三方面的原因歸結起來就是愛。第一，愛情偶爾會給我帶來驚喜。這種驚喜非常有感染力，讓我甚至願意為了體驗幾小時愛，而犧牲其他的一切。」

伯特蘭‧羅素老師一臉陶醉的表情，讓很多同學都竊笑起來。

「各位不要笑嘛。我要說的第二點，就是愛情可以讓人擺脫孤寂 —— 身歷那種可怕孤寂的人的顫慄意識，有時會由世界的邊緣觀察到冷酷無生命的無底深淵。最後一點，在愛的結合中，我看到了古今聖賢，以及中外詩人們的夢想，那就是天堂。這也是我所追尋的人生境界。」伯特蘭‧羅素老師一

臉認真地說道。

看來羅素老師真是痴情啊。全班同學的眼神裡都透露出這個訊息。伯特蘭‧羅素老師沒有絲毫不好意思，反而把手一揮，說道：「我曾經用同樣的感情去追求知識，因為我十分渴望去了解人類。我想知道為什麼星星能發光，我也想了解畢達哥拉斯的力量。關於愛情與知識的領域，總能指引我到達天堂。可是，對人類苦難的同情卻常常將我帶回現實世界。」

張時萌聽得有些汗顏，跟伯特蘭‧羅素老師一比，自己對活著的理解確實是太膚淺了。

伯特蘭‧羅素老師繼續說道：「現實世界中充斥著痛苦的呼喚，這種痛苦也時常引發我的思考。例如，挨餓的孩子、受壓迫的弱者、孤苦無依的老人以及全球性的貧窮和痛苦的事物，這些都是對人類生活的無視和諷刺。」

「我常常盡自己的微薄之力去減輕這不必要的痛苦，但我發現我完全錯了，因此我自己也感到很痛苦，」伯特蘭‧羅素老師語氣有些沉重地說，「這就是我的一生，我發現人是值得活的。如果有誰再給我一次機會，我將欣然接受這難得的賜予。」

張時萌突然覺得伯特蘭‧羅素老師有些滄桑，但他對活著的理解卻十分引人注意。張時萌還記得胡適說過這樣一段話：「生命本身沒有什麼意義，你要能給它什麼意義，它就有什麼意義。與其終日冥想人生有何意義，不如試用此生做點有意義的事。」

作家余華也在其小說《活著》的前言中寫道：「人是為活著本身而活著，而不是為了活著之外的任何事物所活著。」

伯特蘭‧羅素老師發現班上的氣氛有些沉重，於是換上了輕鬆愉快的語

氣：「其實，人作為生物的一種，求生是每個人的本能，而活著則是生命的唯一要求。大家都知道，活著是美麗的，儘管有時會痛苦，會貧窮，會遭受折磨，但和死亡相比，活著就是一種幸福。當然我不否認有人不畏懼死亡，但死亡就像一片枯葉，是沒有生機和夢想的。」

一個手上戴著佛珠的男生點點頭，對伯特蘭‧羅素老師的話表示認同：「是啊，人活著可以感受陽光的溫暖，能有無窮無盡的絢麗的幻想。就算我們在苦難中煎熬度日，也會有雨過天晴的到來。到那時，我們就會暗自慶幸『我還活著』，只有經歷過死亡的洗禮，才知道活著有多麼可貴！」

伯特蘭‧羅素老師對男生的話表示贊同：「在邏輯學中，活著的問題經常被拿來討論。很多人認為，活著不過是一種本能，但在邏輯學家看來，活著不僅是一種本能，還是一種恩賜。就算你的生活平凡，但一壺濁酒，幾碟小菜，瓜棚豆下，雞鳴狗叫，兒歡女繞，豈不也是非常快樂的嗎？」

張時萌想到了柏拉圖的一句話：決定一個人心情的，不在於環境，而在於心境。

伯特蘭‧羅素老師說道：「日本的著名作家池田大作也說：『在人們周圍，能夠看到這樣一種情況：物質上的富裕反而招致精神上的貧困。』活著有太多的誘惑，我們很容易在眼花繚亂中迷失自己。我們不可能每個人都成為出類拔萃的人才，但這並不影響我們好好活著。」

張時萌不由得脫口而出：「敢於承受生命的無意義而不低落消沉，這就是生命的驕傲。」

伯特蘭‧羅素老師笑著點點頭：「不錯，這是尼采的話。生命於我們所有人來說，都只有一次。但是對生命的感悟卻是因人而異。沒有對死亡的畏

懼，哪有對活著的熱情呢？」

　　伯特蘭‧羅素老師繼續說：「就像我，對愛情的渴望，對知識的追求，以及對人類苦難不可遏制的同情，這些就是支配我一生的而強烈的三種感情。這些感情如陣陣颶風，吹拂在我動盪不定的生涯中，有時甚至吹過深沉的海洋，直抵生命的邊緣。」

　　伯特蘭‧羅素老師的這段話，讓在座的學生掌聲頓起，經久不息。

第四節　次協調邏輯：絕不為錯誤的信仰獻身

　　伯特蘭‧羅素老師關於活著的話題，在學生們中間產生了一個小高潮。等大家的情緒稍微平復些，伯特蘭‧羅素老師又拋出了下一個知識點：「各位，我剛才已經講了 —— 每個人的生命只有一次，這就要求我們絕對不要為錯誤的信仰獻身，這也是我經常說的一句話。」（見圖 7-4）

　　有不少同學都點頭表示聽過這句話。伯特蘭‧羅素老師說道：「這就要

人的生命只有一次，所以不能為錯誤的信仰獻身。

圖 7-4　錯誤信仰

求我們掌握次協調邏輯。次協調邏輯屬於異常型的非經典邏輯，次協調邏輯的哲學動機就是要重新構建符合非形式原型的邏輯系統。」

　　張時萌無奈地想：羅素老師又開始拽文了，這些學術性的語言實在太晦澀難懂了。

果然，一個男生忍不住說道：「伯特蘭·羅素老師，您還是跟我們舉個例子吧。我實在跟不上您的學術性語言呀。」

伯特蘭·羅素老師攤手道：「就拿我剛才的話舉例吧。我說過：人的生命只有一次，所以不能為錯誤的信仰獻身，對吧？」

大家點頭表示贊同。伯特蘭·羅素老師接著說：「因為信仰不是一成不變的。在人生的不同階段，我們可能會信奉不一樣的東西作為精神寄託。例如，年輕時候，人們都崇拜有能力的人或事物，因此年輕人也更容易被熱血的信仰所影響；到中年，人們會更趨於理性，可能會信奉物質的東西；到了老年，人們開始逐漸接觸死亡，對生存的希望則成了大部分人的精神寄託。」

學生們點頭表示同意。伯特蘭·羅素老師繼續說道：「各位可以試想，如果現在有人信仰君主專制，並且為自己信仰的東西犧牲了。可以想見，他所犧牲的，不是他活著的現在和已經擁有的過去，而是犧牲在他所不知的未來。簡單來說吧，未來充滿無限的可能性，而這些可能性中，也存在他之前想要為之而死的信仰是錯誤的。我說得對嗎？」

大家紛紛點頭稱是，伯特蘭·羅素老師說道：「如果只給我兩個選項：選擇這個信仰和繼續思考是不是真的只有這個信仰可選，我一定會選擇後者。畢竟，多思考幾年，論證這個思想，如果當初我的信仰是對的，那我會繼續選擇它。如果當初我的信仰是錯的，那我再換一個就好了。」

大家都笑了，伯特蘭·羅素老師也活得太樸實了。伯特蘭·羅素老師彷彿看透了大家的心思，開口笑道：「大家是不是覺得我很樸實啊，還有更樸實的呢！舉個例子吧：你們都參加過考試吧？當你答完試卷後，發現還有時間。你是提前交捲走人啊，還是把之前做過的題目都檢查一遍？如果是我，肯定

會回頭檢查一遍，畢竟還有時間，謹慎點總是沒有壞處的。」

　　張時萌暗想：就像伯特蘭‧羅素老師剛才講的，我們都應該好好活著，因為每個人的生命只有一次，如果不想改變世界，那更要好好活著，老老實實安安穩穩地度過這一生；如果想改變世界，想讓這個世界變得好一點，那當然也要好好活著，因為只有活著才能做更多事。

　　伯特蘭‧羅素老師說道：「很多時候，人們為錯誤的信仰犧牲，還以為是自己成就了自己，實際上卻是點燃了自己，照亮了別人的名字。而這個別人，大部分是一些政客和野心家。那些戰爭中的小兵，有誰會記得他們的名字呢？人們只會記得戰爭的發動者，只會記得希特勒、墨索里尼和東條英機等。肯定會有人以為，自己的犧牲能讓這個世界變得更好，可實際上的好與壞，誰又能知道呢。」

　　伯特蘭‧羅素老師繼續說道：「邏輯學家比常人多說的一句話，就是『我可能是錯的』。人們做的所有一切，都有自己的行為意義所在。沒有人會為了一個明知錯誤的理念而犧牲，所以，在做出生死的決斷前，一定要想好自己為什麼要這麼做。要知道，信仰本身是沒有錯的，錯的只是人類意志的體現，關鍵就在於指引信仰的方向。」（見圖7-5）

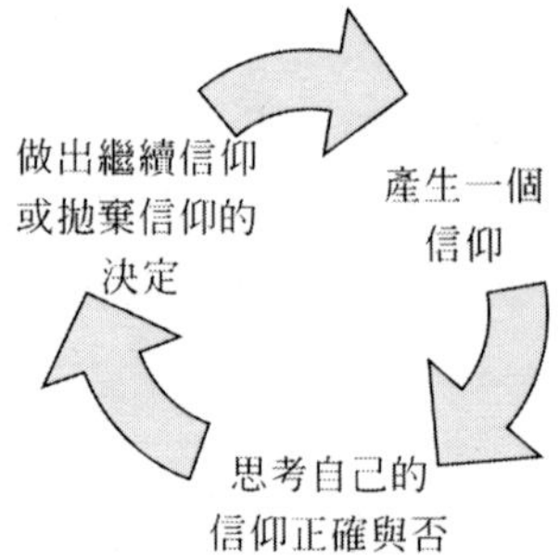

圖7-5　信仰循環

做出繼續信仰或拋棄信仰的決定　產生一個信仰　思考自己的信仰正確與否

　　「我說的這些，都是次協調邏輯的內容，其主要基於大邏輯的觀點，」伯特蘭‧羅素老師說道，「將次協調邏輯放在了與非經典邏輯、邏輯真理觀、諸矛盾問題及科學新模式相關聯層面上來探討其哲學價值，並認為，由次協調邏輯所帶來的哲學問題是積極的。」

　　大家都心悅誠服地點點頭。伯特蘭‧羅素老師繼續說道：「記得第一次世界大戰的時候，我沒有去參戰，而去反戰。有個老太太很生氣地質問我說：『別的小夥子都為了保衛文明，穿上軍裝去打仗了，你就不慚愧嗎？』我是這樣回答的：『我就是他們要保衛的那種文明。』」

　　大家聽了，身上不由得泛起熱血，這句話實在是太有個性了！伯特蘭‧羅素老師沒有自豪，而是認真地說道：「我說過兩句話，一句是：『我不會為我的信仰而獻身，因為我可能是錯的。』還有一句話是：『你相信什麼並不重要，重要的是你別完全相信它。』我希望這兩句話能帶跟各位一些感悟。」

　　在學生們熱烈的掌聲中，伯特蘭‧羅素老師整理了自己的教材，慢步走下了講台。

第八章

萊布尼茲導師主講「非邏輯思維的根源」

　　本章透過四個小節，詳細介紹邏輯學中的極端現象。同時使用了大量的佐證，以及幽默易懂的配圖，為讀者講述了非邏輯思維的根源在哪裡。本章內容豐富，且文字淺顯易懂，讀者能在輕鬆明快的氛圍下進行閱讀。本章適用於邏輯思維能力較弱的讀者，可以幫助這部分讀者提高自身的邏輯思維能力。

哥特佛萊德・威廉・萊布尼茲

(Gottfried Wilhelm Leibniz，1646—1716)

德國數學家。第一個公開微積分方法的人，並且符號被主流應用，而牛頓是確認早於哥特佛萊德・萊布尼茲萊布尼茲使用微積分的。

中年後哥特佛萊德・萊布尼茲健康出現問題，智力退化嚴重，初步估計一次劇烈的健康下滑產生於萊布尼茲去往義大利後。哥特佛萊德・萊布尼茲於五十歲左右開始研究古代中國並且與旅居中國的傳教士閔明我通信，七十歲辭世。在其死後第一時間由好友 —— 哥特佛萊德・萊布尼茲所敬重的法國豐特奈爾撰寫生平。

第一節　懷疑，是否是不幸的根源

張時萌上了伯特蘭・羅素老師的課程後，心情久久不能平靜。雖然早就聽聞伯特蘭・羅素老師的寫作功底深厚，但沒想到講課也如此有吸引力。今天的老師能否超越伯特蘭・羅素老師，帶給自己更大的驚喜呢？

懷著這樣的心情，張時萌來到了課堂上。此時的大廳已經坐滿了人，張時萌迅速占領了一個座席，等待著今天的邏輯學老師「大駕光臨」。

就在大家翹首以盼之際，一位老師緩緩走向大廳的正中央。老師一上來，張時萌就和學生們發出了一陣爆笑：這位老師的打扮也太好笑了吧。

一位中年男子，穿著古典紳士裝，頭上戴著厚重的黑色假髮，脖子上戴著白色的圍巾。在大家的笑聲中，男子緩緩開了口：「各位午安啊！我是今天

第八章　萊布尼茲導師主講「非邏輯思維的根源」

的邏輯學老師，哥特佛萊德・威廉・萊布尼茲！」

「哦！您是第一個公開微積分方法的數學家！」一個戴眼鏡的男生興奮地說道。

哥特佛萊德・萊布尼茲老師頗為自豪地點頭表示肯定：「是的，正是在下，但我更自豪的身分，就是我邏輯學家的身分。講好邏輯學，也是我此行的目的。在我開始講課之前，想先問各位一個問題 —— 懷疑，是否是不幸的根源呢？」

張時萌有些納悶。按照邏輯思維，常對事物表示懷疑，才能發掘真理，因此，懷疑怎麼會跟不幸牽扯到一起呢？

哥特佛萊德・萊布尼茲老師看著滿臉疑惑的學生們，笑著說：「各位，在學術方面保持懷疑的態度，當然是一件可取的事情。但是，如果在生活中事事懷疑，那就不好了。」

一個男生舉手示意道：「哥特佛萊德・萊布尼茲老師，您有什麼例子可以證明，懷疑在生活中不是一件好事嗎？」

哥特佛萊德・萊布尼茲老師調皮地笑了：「我認識一對年輕的夫妻，兩個人的感情非常好，但妻子卻不放心自己丈夫的忠誠。於是，她讓自己最漂亮的朋友出馬，考驗丈夫是否花心。結果當然是丈夫沒有經的起考驗，兩個人以離婚收場了。」（見圖 8-1）

圖 8-1　考驗

一個女孩子有些不忿地說道：「我覺得妻子做得沒錯，是丈夫沒有經受住考驗，如果不考驗他，以後還會出現這樣的問題。」

哥特佛萊德‧萊布尼茲老師搖搖頭，說道：「是這樣嗎？按照丈夫的條件，如果沒有妻子的懷疑，他可能一輩子都碰不到如此漂亮的女人，兩個人也會平淡幸福地過完一生。但是，這樣好的未來，都葬送在妻子的懷疑上了，不是嗎？」

女孩子深思了片刻，點頭表示同意哥特佛萊德‧萊布尼茲老師的說法。

「還有一個例子，某位房地產老闆有一位得力手下，這位手下幫自己賺了無數鈔票，」哥特佛萊德‧萊布尼茲老師說道，「於是，老闆打算獎勵他一套房子，就對手下說：『你自己在整個社區裡任選一間吧！』手下就選了一套戶型很好的大房子。這時，老闆卻不滿意了。」

大家都瞭然，這個老闆是在考驗手下呢！果然，哥特佛萊德‧萊布尼茲老師接著說道：「老闆心裡暗想：沒想到你這麼貪！於是，老闆就擅自將手下選的大戶型，換成了一個二十坪的小戶型。手下當然心懷不滿，於是跳槽走人了，老闆就此失去了一個得力幹將。」（見圖 8-2）

圖 8-2　房產

第八章　萊布尼茲導師主講「非邏輯思維的根源」

大家都嘆了口氣，看來，生活中的懷疑的確是不幸的根源啊。

哥特佛萊德‧萊布尼茲老師看著有些消沉的學生們，笑著開了口：「各位先別忙著嘆氣，我這兒還有正能量的例子呢。各位知道芬森嗎？他是丹麥著名的醫學家，也是諾貝爾獎的得主。在他晚年時，打算培養一個接班人，在眾多的候選者中，芬森選中了一個叫哈里的年輕醫生。但是他又擔心，怕哈里不能在枯燥的醫學研究中堅持。於是，芬森的助手向他提議：『讓芬森的一個朋友假意出高薪聘請哈里，看他會不會動心。』」

張時萌暗想，人生在世，誰不希望自己能有個好工作呢？這樣考驗人未免有些過分了。

哥特佛萊德‧萊布尼茲老師接著說道：「然而，芬森卻拒絕了助手的提議，他說：『不要站在道德的制高點上俯瞰別人，也永遠別去考驗人性。哈里出身貧民窟，怎麼會不對金錢有所渴望。如果我們一定要設置難題考驗他，一方面要給他一個輕鬆的高薪工作，另一方面希望他選擇拒絕，這就要求他必須是一個聖人。』」

大家聽完這段話，不由自主地鼓起掌來。是啊，我們自己也都不是聖賢，有什麼資格要求別人做一個聖人呢？

哥特佛萊德‧萊布尼茲老師有些感慨地說：「最終，哈里成了芬森的弟子，並且成了丹麥著名的醫學家。當他聽說恩師拒絕考驗自己人性的時候，不由得淚流滿面：『假如當年恩師用巨大的利益做誘餌來評估我的人格，我肯定會掉進那個陷阱。因為當時我母親患病在床需要醫治，而我的弟妹們也等著我供他們上學，如果那樣，我就沒有現在的成就了。』」

張時萌也頗為感慨地嘆了口氣，是啊，在生活中，懷疑的確是不幸的

不要站在道德的制高點上懷疑別人，這才是聰明人的舉動。

圖 8-3　道德制高點

根源。如果選擇相信對方，放棄對對方的考驗，說不定就是柳暗花明呢？對一個喜歡美食的人來說，把他綁起來，告訴他不許動桌子上的珍饈，無疑是一件困難的事；而對一個皇帝來說，讓他有一呼百應的權力，卻讓他吃糠咽菜以身作則，也是痴人說夢的事吧。

哥特佛萊德‧萊布尼茲老師說道：「對於我們這些普通人來說，都會有自己在乎的東西，而且，人都是有私心的，基本沒有任何人能說：自己可以無私地為陌生人奉獻而不求任何回報。因此，不要站在道德的制高點上懷疑別人，這才是聰明人的舉動。」（見圖 8-3）

大家都心悅誠服地鼓起掌來。

第二節　玩世不恭與盲目樂觀

哥特佛萊德‧萊布尼茲老師在掌聲稍停後，又開始了新的問題：「在座的各位，相對於一絲不苟的人，是不是都更喜歡和玩世不恭的人相處呀？」

大家都笑了，是啊，都感覺和玩世不恭的人在一起，不會那麼嚴肅，也不會讓人有壓迫感。哥特佛萊德‧萊布尼茲老師笑著說：「大家都喜歡玩世不恭的人，因為大家都覺得，玩世不恭是一種人生態度。玩世不恭的人比較達

第八章 萊布尼茲導師主講「非邏輯思維的根源」

觀，不會錙銖必較，其實這也是一種對現實生活的應對方法，是一種超然世外的自我解脫。」

學生們都點了點頭，和玩世不恭的人相處，的確更輕鬆愉快一些。

「然而，」哥特佛萊德‧萊布尼茲老師來了個轉折，「玩世不恭卻不能與樂觀畫等號哦！要知道，樂觀和盲目樂觀可是大有區別的！」

張時萌點點頭，確實，什麼事情都要有一個度。樂觀是好事，是人們願意用積極的心態面對一切的高貴性格。樂觀的人會用平和的心態，理智地面對一切狀況。而盲目樂觀則不同，它可能會造成嚴重的後果，是一種不理智的、逃避的表現。

哥特佛萊德‧萊布尼茲老師笑著說：「有一句成語，叫樂極生悲。這個詞在邏輯學上也是很出名的詞。各位知道樂極生悲背後的典故嗎？」

張時萌和大部分同學都搖了搖頭。哥特佛萊德‧萊布尼茲老師接著說道：「我來跟各位講講吧。樂極生悲，原來叫『樂極則悲』，出自《史記‧滑稽列傳》。戰國時期，齊威王喜歡徹夜飲酒作樂。有一年，楚國大軍壓境，齊威王趕緊派心腹淳于髡上趙國求救。果然，淳于髡帶來了趙國的十萬大軍，保住了齊國。齊威王很高興，就擺了酒宴請淳于髡喝酒。」

學生們聽得津津有味，沒想到這些外國的邏輯學家都對中國的歷史頗有研究啊。看來中國歷史對邏輯學的影響很深遠。

哥特佛萊德‧萊布尼茲老師接著說道：「酒宴上，齊威王問淳于髡：『先生喝多少酒才會醉？』淳于髡一看這架勢，就知道齊威王又要徹夜飲酒作樂了。於是說：『在下喝一斗酒也醉，喝一石酒也醉。』齊威王不解其意。淳于髡解釋道：『我在不同場合、不同情況下，酒量是不一樣的。所以我得出一個

結論——喝酒超過量，就會因醉亂禮節；如果快樂超過量，就會發生悲傷的事情。』齊威王明白了，做事超過一定限度，就會走向反面，於是齊威王接受了淳於髡的勸告，從此再未徹夜飲酒作樂。」

大家聽完這個典故，不僅對淳於髡心生崇敬，也對深諳中國歷史的哥特佛萊德‧萊布尼茲老師心服口服。

哥特佛萊德‧萊布尼茲老師接著說：「一味地樂觀，會讓我們的理智被矇蔽，讓我們看不到接下來會發生的危險。在我們的生活中，這樣的例子也比比皆是。」

張時萌點點頭。自己在律師事務所的時候，經常聽前輩說這樣一句話：「我們是不是樂觀過頭了？」這個問題似乎有些奇怪，張時萌也懷疑過，樂觀一向被看成通往成功的關鍵因素，怎麼會有過頭一說呢？如今聽了哥特佛萊德‧萊布尼茲老師一番話，才明白過分的樂觀，容易讓我們漸漸遠離現實。

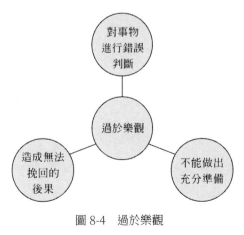

圖 8-4　過於樂觀

哥特佛萊德‧萊布尼茲老師說道：「邏輯思維會告訴各位，保持恰當的樂觀，看到前方的光明，但不要過分樂觀，讓自己對即將到來的問題進行錯誤估計，釀成大錯。」（見圖 8-4）

一個梳馬尾的女生舉手示意道：「哥特佛萊德‧萊布尼茲老師，如果太樂觀，會造成什麼樣的後果呢？古人的事例太遙遠，您能跟我們舉一個貼近生活的案例嗎？」

第八章　萊布尼茲導師主講「非邏輯思維的根源」

　　哥特佛萊德・萊布尼茲老師笑著回應道：「當然可以。請問你平時喜歡旅遊嗎？」

　　女生點點頭，說很喜歡。哥特佛萊德・萊布尼茲老師拿旅遊作例子，說道：「比如說，你去非洲旅遊，在大草原上走到一半，突然發現車子沒油了。周圍是對你虎視眈眈的獅群，你會選擇什麼方案？」

　　女生猶豫了一會兒，說：「我會選擇在原地等待救援。」

　　哥特佛萊德・萊布尼茲老師笑著說：「你很理智，這就說明你不會有盲目樂觀的趨勢。如果是盲目樂觀的人，可能會忽略油表，以為油表壞掉了，其實車子還有油，然後反覆發動車子；或者跳下車選擇步行。盲目樂觀的人會認為，獅子可能是吃飽了，或者會無視自己，自己不會發生危險。」

　　女生恍然大悟，看來盲目樂觀的確是要不得的。

　　哥特佛萊德・萊布尼茲老師接著說道：「我有一個小時候的玩伴，他是虔誠的基督教徒。他是一個很樂觀的人，我們都認為沒有什麼困難能打倒他。然而，一場大病襲擊了他，這時候，他的樂觀卻害了他。我們讓他去看醫生，他卻覺得自己不會這麼早死亡，於是只日夜禱告，拒絕去醫院。結果他信賴的上帝也沒有給他更多的時間。」

　　哥特佛萊德・萊布尼茲老師在胸前畫了個十字，繼續說道：「我是一個邏輯學家，邏輯思維讓我時刻記著『度』，過剛易折也是這個道理。紐約大學的心理學教授也致力於這樣的問題：凡事都往好處想，真的更容易成功嗎？於是他做了一個實驗，但是實驗結果卻顯示：過分樂觀的思考，經常會妨礙我們，讓我們更難實現目標。」

　　一個微胖的女生舉手示意道：「沒錯，哥特佛萊德・萊布尼茲老師，我

經常幻想自己減肥成功的樣子，但這卻讓我控制不住自己的食慾，導致減肥失敗。」

哥特佛萊德‧萊布尼茲老師點點頭，說道：「是啊，每一個研究中都指向同樣清晰的結果：所有那些抱著樂觀的幻想、認為可以順利達成目標的人，他們的這種樂觀對成功並無幫助，反而妨礙了夢想的實現。這也要求我們鍛鍊自己的邏輯思維，切忌盲目樂觀。」

第三節　邏輯高手在論證，而你在爭吵

哥特佛萊德‧萊布尼茲老師話音剛落，一個男生和一個女生便小聲爭論起來。張時萌有些不滿地看著他們，周圍的學生也露出無奈的表情。哥特佛萊德‧萊布尼茲老師卻沒有因為二人的失禮而生氣，反而饒有興味地問道：「你們在討論什麼，能不能讓我們也聽聽？」

女生有些不好意思地說道：「對不起，哥特佛萊德‧萊布尼茲老師。我不是有意的，只是他說話實在叫人生氣，我才忍不住跟他論證一番。」

哥特佛萊德‧萊布尼茲老師溫和地問道：「那麼，你們究竟在論證什麼呢？」

男生開口道：「是這樣的，我們本來打算上完您的課後，去醫院看病。但是，她卻堅決不去看中醫，說中醫是偽科學，我才忍不住論證了兩句。」

女生聽了不服氣地說：「中醫當然是偽科學，我不是早告訴你了嗎？現在還有人信中醫，是不是傻啊？」

男生無奈地說：「你倒是舉個例子給我聽啊，中醫怎麼就是偽科學了？現在不都講究中醫養生嗎？」

第八章　萊布尼茲導師主講「非邏輯思維的根源」

女生一副不願理論的樣子，說道：「中醫就是偽科學，你愛信不信。」

男生看著哥特佛萊德・萊布尼茲老師，神色頗為無奈。

哥特佛萊德・萊布尼茲老師安靜地聽了片刻，不由得笑出聲來：「你們兩個剛才的對話，可不能算是論證啊，只能說是爭吵。要知道，邏輯學上的論證是要求很強的邏輯性的，而你們剛才爭吵的內容，大部分都是情緒控制。」

男生和女生聞言後都不說話了，哥特佛萊德・萊布尼茲老師笑著說：「好吧，我就跟各位講講吧。為什麼大家經常與人爭辯，卻得不出什麼建設性的結果呢？原因就在於，各位的交流不是在論證，而是在爭吵。托馬斯・劉易斯說過：『辯論是真正安靜而多思的對話。』這就意味著辯論的過程需要不偏離原本的話題，有健康的交互的思考過程，只有這樣才能得出有益的結論和靈感。」（見圖 8-5）

女生一臉若有所思，然後說道：「哥特佛萊德・萊布尼茲老師，按您這麼講，我只能用寫信或者發訊息的方式和他交流了。因為我只要面對面交談，就控制不住自己的情緒。」

> 辯論的過程需要不偏離原本的話題，有健康的互動的思考過程。

哥特佛萊德・萊布尼茲老師笑著說：「能知道自己容易被情緒左右，也證明了你還是有邏輯思維能力的。其實，意見不合的解決辦法不外乎兩點。第一，認識到自己不

圖 8-5　辯論

一定是正確的，然後對對方的見解採取一種包容、學習的態度；第二，覺得自己一定是正確的，於是透過各種實踐結果告知對方。如此一來，雙方都能從中學習、感悟到一些東西。」

張時萌點點頭，不由得脫口而出：「邏輯論證是求真，而不是求勝；爭論的目的則是求勝，不是求真。因為爭論的根源是從指責開始的，所謂指責，就是絕對不容許異端意見的存在。」

哥特佛萊德・萊布尼茲老師讚許地對張時萌點點頭：「這位同學的邏輯思維很強嘛。沒錯，在我們邏輯學中有一個法則叫『錘子法則』，這個『錘子法則』在管理學上同樣適用。是說如果把錘子放在孩子手裡，那孩子肯定會用錘子把周圍東西隨意敲打。孩子不是木匠，也不是鈑金工人，他不會使用錘子，但人都是這樣，有了錘子，就想到處試試，驗證一下錘子的功效。」

學生們都點點頭，表示同意哥特佛萊德・萊布尼茲老師的說法，但是大家不知道他想表達什麼意思。

哥特佛萊德・萊布尼茲老師接著說：「孩子會選擇不順眼的東西來驗證錘子的功效，對不合心意的、不了解的東西，就會掄起錘子來。在這裡，錘子的功效就發生了扭曲。在這些人眼裡，判斷是非的標準就成了自己。他們把自己不知道的事物通通歸結到『應該敲打』的地步，錘子就代替了真理，成了判斷是非的標準。」（見圖 8-6）

想用錘子
來砸人試試

握著權力的
「錘子」

手握權力，用
「錘子」胡亂砸人

嘗到甜頭繼續
使用錘子

圖 8-6　循環

第八章　萊布尼茲導師主講「非邏輯思維的根源」

　　大家都恍然大悟，哥特佛萊德‧萊布尼茲老師接著說道：「至於中醫科學與否的問題，其實在二十世紀就有了這樣的爭論。尤其是西方科學傳進中國後，對中醫的質疑之聲就從來沒有停止過。在人類進入 21 世紀後，一把錘子又砸向了中醫，引起一場大論戰。」

　　「那麼，哥特佛萊德‧萊布尼茲老師，中醫到底科不科學呢？」一個性急的男生問道。

　　哥特佛萊德‧萊布尼茲老師笑著說道：「對於中醫到底科不科學的問題，我現在不做回答。但是引發中醫論戰的原因我卻可以用邏輯思維告訴你。解釋只有兩個：第一個，就是上面所說，錘子落到了不會使用的人手中，他不喜歡中醫，認為中醫是不科學的，所以掀起了中醫不科學的輿論；第二個，就是因為虛榮心，因為表現欲膨脹，這種人甚至不明白中醫的含義，只想表現自己，或者為了出名瞎嚷嚷。」

　　男生點點頭，表示自己明白了。

　　哥特佛萊德‧萊布尼茲老師接著說道：「爭論和論證的區別，各位想必已經清楚了。在現實生活中，總有些問題會引發我們的辯論點。例如，諸神到底存在與否，外星人究竟存在與否，各位的理性經驗和感性經驗等，都是可以辯論的點。但是，各位要知道，這些辯論或者爭論是不會有結果的。因為我們並沒有真正認識完這些東西，所以關於這些的邏輯論證也是不存在的。引發各位爭論的，只是各自的情緒罷了。」

　　學生們都心悅誠服地點了點頭。哥特佛萊德‧萊布尼茲老師接著說道：「我不否認，你能在有些爭論中得到結果，但有時候，你得到的結果也許只是對方不想再繼續爭辯的敷衍之詞，這就需要我們用邏輯思維分辨真誠背後的另一面。」

第四節　真誠的另一面

哥特佛萊德・萊布尼茲老師此言一出，剛才爭論的女生便大為感慨道：「哥特佛萊德・萊布尼茲老師，您說得太正確了。我倆每次爭論，他最後都要加一句『算你贏了行不行？』這句話真是讓我特別生氣。」

哥特佛萊德・萊布尼茲老師笑著說：「這句話好像很容易讓對方生氣。其實，你生氣是因為你的邏輯思維告訴你，他這句話只是在敷衍你，一點兒都不真誠。你贏了並不是你辯論贏的，只是因為他不願意跟你計較，是嗎？」

女生狠狠地點點頭，說道：「沒錯，雖然我爭論的目的是想贏，但是他這種不真誠的態度讓我很生氣，讓我更想跟他爭論下去，最後就會變成是我在無理取鬧。」

哥特佛萊德・萊布尼茲老師笑著說：「其實，他的口氣只是有些怨懟，我的本意，是想讓各位運用邏輯思維，學會辨別真誠背後的虛假。」

張時萌說道：「您的意思，是讓我們透過現象看本質吧？」

哥特佛萊德・萊布尼茲老師讚許道：「不錯，正是如此。在邏輯學中，從對方的語言、口氣和表情方面，解析出對方的真實想法是十分必要的。當各位在看待問題時，能夠抓住這個事件背後的『根本運作邏輯』，就能理解它真正的前因後果，才不會被這個事件無關緊要的表象，以及你對它的感情偏見影響了判斷。」

哥特佛萊德・萊布尼茲老師繼續說道：「學會看清真誠背後的另一面，是一種非常重要的思維方式。有了這種思維方式，你才不會在無效的事情上浪費時間，你才會準確地抓住對方想表達的重點，而不是一直做在現實問題上毫無解決辦法的人。」（見圖 8-7）

第八章　萊布尼茲導師主講「非邏輯思維的根源」

一位女同學舉手示意道：「哥特佛萊德·萊布尼茲老師，我們應該怎樣判斷別人真誠背後的東西呢？我就很容易被騙，談過三次戀愛，每次都以被騙收場。」

哥特佛萊德·萊布尼茲老師對這位女生表示了自己的同情，然後說道：「其實，判斷對方是否真誠很容易。我會透過邏輯思維方面，跟各位介紹兩個方法。第一個方法就是你們中國的古話：日久見人心。

圖 8-7　真誠背後

時間會告訴你對方是否真誠。第二個方法是從細節入手。一個人的習慣是不容易改掉的。」

這位女生有些不解地問：「您能說得具體一點嗎？」

哥特佛萊德·萊布尼茲老師笑著說：「當然。戀愛中的女生，眼裡的世界總會多些色彩，也會因此忽略很多問題。例如，一個男生總是對你甜言蜜語、海誓山盟，卻不肯在你生病的時候專門跑一趟帶妳去看醫師。此時，旁觀者會看出男生的不可靠，而戀愛中的女生卻會為男生的行為找出各種藉口，從而忽視他的不可靠。」（見圖 8-8）

圖 8-8　真誠與否

女生有些恍然大悟道:「您是說,我應該用旁觀者的立場談戀愛嗎?」

哥特佛萊德·萊布尼茲老師搖了搖頭:「並不是,我只是想讓各位無論何時,都不要被表象矇蔽住自己的邏輯思維。要知道,真誠與否,不是兩句甜言蜜語就能看清的。」

女生若有所思地點點頭。哥特佛萊德·萊布尼茲老師接著說道:「其實,我們在與人交流的時候,經常會用到很多套路。例如,『見人說人話,見鬼說鬼話』。當你與人接觸時,總會透過你能看到的訊息做出簡單的判斷。例如,從對方的行業、職業、職務、喜好等作為切入點,開始進行順暢的聊天。從你一眼能夠看到的東西,往你一眼看不到的東西去聊,這是聊天的基本規律。」

大家頻頻點頭,確實,在與人交往的過程中,總會有這樣那樣的原因,來做出一副平易近人好相處的樣子來。

哥特佛萊德·萊布尼茲老師清了清嗓子,接著說:「然而,你說得再多,做得再多,如果不是出於本心的真誠,是注定裝不了一輩子的。因為你若說了一個謊,就需要編制更多的謊來圓。如果不是出於本意的真誠,就像一張編制的網,你總會回頭思忖才能勉強理清走過的路。這也是為什麼謊言經不起時間考驗的原因。」

第八章　萊布尼茲導師主講「非邏輯思維的根源」

學生們紛紛點頭，表示明白。

哥特佛萊德‧萊布尼茲老師接著說道：「很多人繞了一圈才終於知道，原來，只要是謊言，不管是多完美的套路，不管偽裝得多麼真誠，最終都會被打敗。其實，真誠才是世界上最深的套路。因為只有真正的真誠，才能經得起邏輯思維的考驗和推敲。」（見圖 8-9）

大家不由自主地為哥特佛萊德‧萊布尼茲老師的話鼓起掌來，掌聲久久不能平息。哥特佛萊德‧萊布尼茲老師就在這熱烈的掌聲中，緩緩地走下了講台。

圖 8-9　謊言

第四節　真誠的另一面

第九章

傑文斯導師主講「數與量之間的邏輯」

　　本章透過四個小節，詳細介紹「數」與「量」之間的邏輯思維。本章的導師威廉‧傑文斯，其長處就在於開創性的思考，透過作者幽默風趣的語言，能讓讀者很容易地理解公開含義和隱藏含義，能整體攬全局，局部見細節。威廉‧傑文斯的長處，就是能利用圖形來處理抽象的邏輯學概念，因而本章的配圖也十分有趣易懂。本章適用於邏輯思維能力較弱的讀者，並能幫助這部分讀者顯著提高其邏輯思維能力。

威廉・史坦利・傑文斯

(William Stanley Jevons，西元 1835—1882)

生於利物浦，英國著名的經濟學家和邏輯學家。西元 1864 年他出版了一本書，名字是《純邏輯，或數與量之間的邏輯》，其基礎是喬治・布爾的邏輯體系。隨後幾年他致力於研究邏輯機器，正是該研究，讓他知道給定邏輯前提，可以用機械模擬出來。

他隨後發表的《邏輯學初級教材》很快成為英語世界裡最為流行的邏輯學基礎教科書。那時他還寫了很多邏輯學論文，這些論文於西元 1874 年以《科學原理》為書名發表，在這部書中，他對早期的純邏輯和同類替代做了具體的表述，還發展了歸納是演繹的簡單眼轉的觀點。

威廉・傑文斯的長處在於開創性的思考，而不是批判；他以一個勤勉的邏輯學家、經濟學家和統計學家聞名後世。

第一節　公開含義和隱藏含義

今天已經是張時萌的第九節課了。前八節課的內容讓張時萌受益匪淺，她已經被邏輯學深深地吸引了。

上節課，哥特佛萊德・萊布尼茲老師給大家帶來了一段精彩的時光，也讓張時萌深刻了解了邏輯思維有多重要，今天又會是哪位導師帶來精彩一課呢？

懷著這樣的心情，張時萌坐到了座位上。

第九章　傑文斯導師主講「數與量之間的邏輯」

「各位午安！」一個洪亮的聲音打破了安靜的課堂。張時萌循聲往講台上看去，只見一個穿著棕褐色西裝，髮際線很高的中年人正微笑著做著自我介紹。

張時萌看著他，突然脫口而出道：「您是威廉・史坦利・傑文斯！」

威廉・傑文斯老師愉快地笑了：「沒想到我會被認出來，我真是太高興了。」

一個西裝革履的男士有些迫不及待地說：「我也認識您，但我是在經濟學方面認識您的啊，您應該是位經濟學家吧？我最近對經濟學很感興趣，您能大概講講嗎？」

威廉・傑文斯老師神祕地笑了笑：「我在邏輯學方面的地位，可不比經濟學低哦！至於經濟學方面的內容，有機會我會給大家講解的。」

這位西裝男有些不依不饒：「有機會是什麼時候？今天嗎？」

威廉・傑文斯老師看著窮追猛打的學生，有些無奈地笑了：「你要讀懂我這句話的隱藏含義呀，我這麼說只是在委婉拒絕。」

西裝男恍然大悟地撓撓頭，趕緊給威廉・傑文斯老師道歉：「實在對不起，我這個人平時就聽不懂別人的畫外音，這也是讓我很苦惱的一件事。」

威廉・傑文斯老師擺擺手，示意男生坐下，然後說道：「我很理解，在座的大部分人可能都和這位男同學一樣，有這方面的苦惱。其實，這只是各位的邏輯思維還不夠，所以不能讀懂別人話中的隱藏含義。」

張時萌問道：「您說的隱藏含義，就是我們常說的言外之意吧？其實，中國人很講究言外之意的。」

威廉・傑文斯老師說道：「是呀，正是如此。言外之意，其實就是指話

圖 9-1　賣畫

裡暗含的、沒有直接說出的意思。國外也有很多事例……這些話語之下隱藏的含義，往往是一個人智慧的體現。我來跟各位講個故事吧。」

大家一聽有故事，紛紛豎起了耳朵仔細傾聽。

威廉·傑文斯老師笑著說道：「各位都知道著名畫家門采爾吧？一天，一位不知名的畫家去拜訪門采爾。這位畫家一進門就對門采爾訴苦道：『為什麼我畫一幅畫只需要一天功夫，而賣掉它卻要等上整整一年呢？』門采爾很認真地說：『那你為什麼不倒過來試試呢？』各位，問題來了，門采爾想表達的言外之意是什麼呢？」（見圖 9-1）

張時萌略一思索，答道：「門采爾的意思是，讓畫家用一年的時間畫畫，如此一來，只用一天的時間就能把畫賣掉。也就是說，畫家之所以賣不掉畫，是因為在畫上花費的時間太少，只有用心下苦功去畫，畫才會獲得人們的認可。」

威廉·傑文斯老師對張時萌報以微笑：「連門采爾自己也不能說得更好了。有句老話，叫『醉翁之意不在酒』，說的就是這個意思。我們與人交談的過程，其實也是一個思考的過程。要運用邏輯思維，結合具體情境，準確分析對方的談話內容，同時要注意對方的身分和心情等，只有這樣才能準確抓住對方的言外之意。」（見圖 9-2）

第九章　傑文斯導師主講「數與量之間的邏輯」

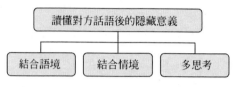

圖 9-2　隱藏含義

一個男生搖頭道：「這也太麻煩了吧！有什麼話直接說不好嗎？為什麼非要拐彎抹角的，讓人去猜呢？」

威廉・傑文斯老師搖頭道：「有時候，身分和當時的背景讓你沒有辦法直接表達出內心的想法。例如，鋼琴之王李斯特，他就面臨著這樣的情況。」

大家一聽又有故事，不由得坐直了身體。

威廉・傑文斯老師接著講道：「李斯特受邀到克里姆林宮演奏。當演奏開始的時候，沙皇還在跟別人說話，李斯特覺得沙皇不尊重自己，於是停止了演奏。沙皇問他：『你為什麼不繼續演奏了？』李斯特卻欠了欠身子，說道：『陛下在說話，我理當傾聽。』」

大家都為李斯特的智慧拍案叫絕。

威廉・傑文斯老師說道：「試想，如果李斯特直接告訴沙皇：『你不尊重我，我不想演奏了。』會造成什麼樣的後果？說不定會引來殺身之禍。這時候，運用邏輯思維巧妙應對，達到自己想要的目的，這才是聰明的做法。」

男生點頭表示贊同：「是啊，李斯特的言外之意，是『您不注意聽我演奏，還說話，這是對我的不尊重，我演奏的時候您應該傾聽』，但說出來卻變成了自己需要傾聽，這的確是很有智慧的應對方法。」

威廉・傑文斯老師說道：「不錯，就說牛頓吧，大家都知道被蘋果砸到頭了很痛，也都知道蘋果很好吃，但卻沒有人能發現萬有引力定律。因為我

圖 9-3　認識世界

們的邏輯思維還不夠，沒有產生二次解讀和聯想。古代人看到自己生活的土地是四方的，而太陽卻是東昇西落，從而產生了『天圓地方』的假說。直到哥倫布環海旅行後，人們才意識到地球是圓的。因此，邏輯思維才是我們最應該培養的能力。」

大家都心悅誠服地點點頭，看來邏輯思維的確很重要啊。

威廉‧傑文斯老師笑著說：「透過生活中的種種表現，認識其本質，這能夠令我們更清晰、明智地認知世界，也能讓我們嗅到隱含訊息中的危險（見圖 9-3）。且聽我慢慢道來 ──」

第二節　嗅到隱含訊息中的危險

威廉‧傑文斯老師此言一出，大家都陷入了思考：隱含訊息有什麼危險的呢？

「記得我去火車站候車時，經常會遇到一個賣咖啡的服務生，」威廉‧傑文斯老師微笑地回憶道，「她總是禮貌地問我，需不需要在候車的時候來

第九章　傑文斯導師主講「數與量之間的邏輯」

一杯咖啡。我也會禮貌地回覆她，不需要。後來，來了一位更漂亮禮貌的服務員。」

大家一聽漂亮，都發出壞笑聲。威廉・傑文斯老師卻一本正經地說道：「她總會禮貌地問我：『您需要咖啡還是牛奶？』我都會猶豫一下，然後選擇一杯我更喜歡的飲品。然後，那個月，我的生活預算超支了。」

大家都爆發出笑聲，這個新來的服務員真會做生意啊。第一個服務員給出的選項是「需要」和「不需要」，百分之八十的人都會選擇不需要；第二個服務員壓根就沒有給出「不需要」的選項，而客人往往會在兩件消費品中選擇一件自己更能接受的。

一位穿著西裝的年輕人一拍手，說道：「這真是個好方法，我是做業務的，但是業績總拉不上去，原來還有這種方法啊！」

威廉・傑文斯老師說道：「其實，利潤不是銷售出來的，而是談判出來的。例如，當客戶對你提出要求的時候，你應該用邏輯思維快速反應，然後組織語言。例如，客戶會經常讓你給些折扣或便宜一點，這時候，你如果直接拒絕，就可能會失去這個客戶。」

穿西裝的年輕人頻頻點頭：「您說得太對了，那我應該怎麼應對呢？」

威廉・傑文斯老師說道：「你可以微笑地對他說：『可以呀，您幫我介紹個有效客戶，我從自己的傭金中扣除一部分做您的優惠，介紹得越多，便宜得越多。』如此一來，問題就從你這裡轉移到客戶那裡，如果他不能給你介紹有效客戶，你也就不用給他優惠了。」

大家都笑了，張時萌也在心裡暗想：以後與人交談，一定要多留個心眼，可不能被人家繞進圈子裡。

一個臉上帶著抓痕的男生聞言也開了口：「威廉・傑文斯老師，您說得太對了，我就注意不到我女朋友的隱含訊息，讀不懂她的內心，所以經常遇到危險。這有什麼好辦法嗎？」

很多女生都露出了竊笑的表情，男生們則伸長了脖子認真聽起來。

威廉・傑文斯老師笑著說：「女性的想法總是讓男性無法捉摸，所以才有了『女人心，海底針』這樣的說法。以前也有很多人問我，女性到底在想什麼？其實我也不知道女性腦子裡想的是什麼，因為每個人的想法都是瞬息萬變的，而且女性的思維更偏向感性。」

「那您也沒有辦法嗎？」男生有些失望地說道。

威廉・傑文斯老師神祕一笑，說道：「確實，女性的隱藏想法也可能很危險。因為男性思維偏於理性和整體，而女性思維偏向感性和細節，女性思維明顯更情緒化。而且男性的表達是直線型的，而女性則是多線型，男性經常跟不上女性的思維，這也是男女吵架的根源。但是，我們卻能從對方的語氣和語言中解讀出隱藏含義。」

很多男生都迫不及待地說：「威廉・傑文斯老師，您快跟我們講講吧，女生有時候也是很危險的啊。」

張時萌聽完直撇嘴，其實女生還是很好懂的啊。果然，威廉・傑文斯老師開口道：「比如你跟你的女朋友吵架了，女朋友用很生氣的口氣對你說：『我沒有生氣！』如果你相信了她的話，不去哄她，那你就太傻了。」（見圖9-4）

圖9-4　沒有生氣

男生們都點了點頭，一個戴眼鏡的男生說道：「這種情況我能分辨出來，但如果女朋友很平靜的跟我說話，我又該怎麼分辨她是否生氣了呢？」

「沒有口氣，還有行為和語言呀，」威廉‧傑文斯老師說道，「比如行為吧，你女朋友說不想跟你約會，但時間到了，她卻準時出現在約會地點，就證明她是想跟你約會的啊。再有，如果你的女朋友說『我犯得著生氣嗎』，那她百分之九十是生氣了。」（見圖 9-5）

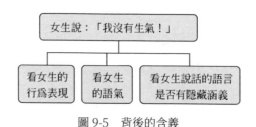

圖 9-5　背後的含義

男生們仔細思索了一下，確實是這個道理。威廉‧傑文斯老師調皮一笑：「女性的心變化多端，讓人捉摸不透，使大多數男性追求者無從下手、錯失良機、半途而廢、無功而返、功虧一簣。但如果你的邏輯思維夠強，你就能抱得美人歸。」

大家都發出了會心的笑聲，威廉‧傑文斯老師說道：「有句俗語，我覺得十分適合邏輯學——莫看江面平如鏡，要看水底萬丈深。這句話的意思是，我們在看問題的時候不能被表象所迷惑，要透過現象看到事物的本質，這樣才能解決問題或者避開危險。」

學生們都點了點頭，威廉‧傑文斯老師接著說：「再如，一個被犯罪組織控制的女子，打電話回家裡報平安的時候，對丈夫說：『別忘了把我最喜歡的紅色衣服拿去乾洗。』丈夫立即理解了妻子話裡的含義，因為妻子最討厭顏色鮮豔的衣服，尤其是紅色，所以家裡根本沒有紅色衣服，丈夫判斷妻子被

人挾持了，於是報警，成功地救出了自己的妻子。」

張時萌不由暗自為這位男子點贊，如果男子缺少邏輯思維，或者根本不把妻子的話放在心上，隨口敷衍妻子一句，那妻子的處境就會特別危險了。

威廉・傑文斯老師彷彿看出大家的心思一般，笑著說道：「做事考慮周全，思考話裡的隱藏含義是一種很好的習慣。所以，各位也知道邏輯思維的厲害之處了吧？讀懂隱含訊息中的危險，真的很重要。」

第三節　周全邏輯帶來英明決策

威廉・傑文斯老師說道：「剛才我已經跟各位說了，做事考慮周全，是一種很好的習慣。在邏輯學中，周全邏輯就是一個很好的例證。」

張時萌開口問道：「威廉・傑文斯老師，周全邏輯就是做事要考慮全面嗎？」

威廉・傑文斯老師微笑著表示肯定，然後補充道：「做事考慮全面，這是一種實實在在的好習慣。中國人常說，三思而後行，就是這個道理了。聰明人做事之前，會考慮到接下來的一步或兩步以上，如此一來，他們就比別人多做了準備，面對問題的時候也就更從容。」

一個男生說道：「周全邏輯是一種天賦吧？可以後天培養嗎？」

威廉・傑文斯老師笑著說：「當然可以，邏輯學方面的能力都是可以透過切實的行為來掌握和培養的。換句話說，周全邏輯實際上就是一種稱為WOOP的套路。這種套路不但能讓你考慮周全，還能提升你的心理動力，幫助你完成可行的目標。」（見圖 9-6）

第九章　傑文斯導師主講「數與量之間的邏輯」

圖 9-6　WOOP 套路

學生們不由得面面相覷，什麼是 WOOP 套路啊？

威廉・傑文斯老師也不再賣關子，而是微笑地開了口：「WOOP 其實是美國一對夫妻聯手發明的，WOOP 是四個字母的英文縮寫，我們先看 W。W 是 Wish，中文意思為願望。也就是說，強烈的渴望是非常重要的。比如對考證的同學，『這四門科目中，我至少要通過三科！』這樣的願望是很重要的。」

張時萌點點頭，確實，強烈的渴望會讓人加倍努力，那 O 代表什麼意思呢？

威廉・傑文斯老師繼續說道：「第一個 O，是 Outcome 的縮寫，中文意思為最佳結果。在這裡，周全邏輯要求各位用天馬行空的想像，幻想目標達成後的美好畫面。當然，不是讓各位沉浸在這種想像裡不可自拔，而是讓各位與現在的狀況進行對比。處境和現在有何不同？別人會如何看待你？這件事成功後，你會收穫哪些不敢想的好處？這樣，你就會更有行動力，也會在接下來的奮鬥過程中更拚盡全力。」

一個男生迫不及待地問：「那第二個 O 呢？」

威廉・傑文斯老師笑著說：「第二個 O，是 Obstacle 的首字母，中文意思為關鍵障礙。這裡同樣要求各位運用天馬行空的想像來預想自己在做事時會遇到哪些障礙。例如，最關鍵的障礙是什麼？造成這種障礙的原因

是什麼？原因背後又是什麼？這些都能追溯到很深的地方，也會對你大有助益。」

最前排的一位女生聽得有些雲山霧罩，於是開口問道：「威廉‧傑文斯老師，您能跟我們舉個例子嗎？」

威廉‧傑文斯老師笑著點頭應允：「當然可以。例如，你在準備考試過程中，你想到自己的關鍵障礙是不可能把全書內容學完。究其原因，就是你的學習效率不高，進展慢。然後，你進一步想像，進一步深究，你學習效率不高的原因是什麼呢？就是你沒有一個良好的學習環境，你經常窩在家裡看電視劇。於是你選擇去圖書館備考，最後學完了全書內容，順利地通過了考試。」

最前排的女生心悅誠服地點點頭，表示自己聽明白了。

威廉‧傑文斯老師繼續說道：「如果你沒有用到周全邏輯，你可能在考試失敗後才會總結教訓，但意識不到是在家學習太安逸，意識不到是電視劇影響了你。你可能偶然得知，透過考試的某個學霸的父母是中研院的研究員，於是你得出這樣的結果：誰讓我們跟學霸不一樣呢，誰讓我沒有當中研院研究員的父母，沒有這個遺傳基因呢。總之，意識不到自己失敗的原因究竟是什麼，下次備考也同樣會失利。」

張時萌用力點點頭，然後問道：「那最後的 P 代表什麼呢？」

威廉‧傑文斯老師微笑著說：「這個 P，大家應該很熟悉，就是 Plan 的縮寫，中文意思是計劃。制訂計劃表是一個良好的習慣，想必很多人也都有制訂計劃的習慣。例如，什麼時候該做什麼事，在某個日期之前做完手頭的工作；或者當問題出現的時候，制訂什麼計劃可以預防它等。」

第九章　傑文斯導師主講「數與量之間的邏輯」

一個大大咧咧的男生說道：「威廉‧傑文斯老師，我就是個很隨性的人，計劃到底應該如何制訂啊？」

威廉‧傑文斯老師想了想，說道：「還是拿剛才備考的例子吧。當你進行到第二個 O 的時候，會發現自己關鍵障礙的解決方法是去圖書館學習。但你平時經常加班，根本沒時間複習，而且圖書館離你家很遠，你該怎麼辦呢？於是你制訂了計劃 —— 休息日和不必加班的時候不睡懶覺，帶著早餐，坐捷運去圖書館，吃一點東西後開始複習。這樣一來，你的計劃就解決了你的關鍵障礙。」

一個男生說道：「我記得哥特佛萊德‧萊布尼茲老師說過，幻想會讓人意志軟弱，不利於達成目的。」

威廉‧傑文斯老師笑瞇瞇地說：「不錯，你很注意聽講，我很欣慰。但是，哥特佛萊德‧萊布尼茲老師應該也說過，凡事要有個『度』。你在做事時，用 WOOP 的順序思考一遍，切記要思考完整。因為你說的情況，往往是思考到第一個 O 的時候就停下了，因為人們在幻想美好畫面後，往往不願繼續思考關鍵障礙。如果在這裡停下了，不但不會有效，反而會像你說得那樣，降低行動力。」

「那我們應該怎麼做呢？」

「你可以先做一番目標達成的樂觀幻想，然後立刻思考可能碰到的障礙，這樣既不會浪費你的精力，也能儘快讓你走上可行目標的路子，同時也避免我們掉進單純樂觀幻想的誤區，讓大腦誤以為目標已經達成，從而導致在可行的任務上，動力被提前釋放掉。」威廉‧傑文斯老師認真地做了回答。

一個女生說道：「威廉‧傑文斯老師，您剛才說，男生更偏向整體，女生

更偏向細節，是說男生比女生的周全邏輯更強嗎？」

　　威廉‧傑文斯老師搖了搖頭：「當然不是，周全邏輯是能者居之，只要你按照 WOOP 的套路走，就能獲得強大的周全邏輯。不過既然你說到了，我就跟各位詳細講解一下，在面對事物時，應當如何整體攬全局，局部看細節 ── 」

第四節　整體攬全局，局部看細節

　　威廉‧傑文斯老師此言一出，學生們立馬豎起了耳朵，想必大家都吃過這樣的虧 ── 要麼是不注重整體，對全局的掌控不夠；要麼是不注重細節，關鍵時刻掉鏈子。

　　威廉‧傑文斯老師笑著說道：「在講解之前，我先跟各位說一下整體和局部的含義。整體毫無疑問，指的就是長遠的、大的方面；而局部則是更細緻的方面，是一些小細節。人們在觀察和思考問題時，都會從整體和局部兩個角度來看。整體即從整體上看，局部是從細節上看。整體看全局，局部看數據；整體看趨勢，局部看事件。」

　　一個打扮得很時尚的女生捂住臉，說道：「威廉‧傑文斯老師，您都把我說暈了。咱還是用例子說話吧！」

　　威廉‧傑文斯老師也笑了：「好，那我就跟各位舉個例子吧。就拿中西方來舉例，東方人偏向整體，而西方人偏向局部；東方人更偏重規劃，而西方人則講究實際；東方人重視集體，而西方人則注重個人主義；中國人講求整體調控，而西方人講求私有化；東方人講究『為國爭光』『為社會奉獻』，而西方人提倡『個人奮鬥』『個體幸福』。」

第九章　傑文斯導師主講「數與量之間的邏輯」

威廉‧傑文斯老師繼續講道：「在觀察和思考問題的過程中，我個人更傾向於從整體方面考慮。因為立足整體，用策略眼光縱覽全局，才能抓住主要矛盾。當然，我並不是說局部不重要，因為在抓住主要矛盾後，解決具體問題時，還需要從局部入手，用戰術手段從細節方面真抓實幹，這樣才能順利解決問題。」

一位女同學推了推鼻樑上的眼鏡，嚴肅地說：「我認為還是整體更重要，只要穩住大局，一些枝葉末節大可不必處處留意。」

威廉‧傑文斯老師搖搖頭：「我親愛的學生，你難道沒聽過一句古話，叫『千里之堤，毀於蟻穴』嗎？與整體相比，局部似乎更不足道一點，但往往是這些不足道，才更容易決定大局的發展。細節決定成敗，這句話可不是說說而已。」

威廉‧傑文斯老師微笑著說道：「隨著經濟的發展，專業化程度也越來越高，這就要求人們做事更認真精細。然而有很多『差不多』先生，認為枝葉末節不是很重要，於是大大咧咧，馬馬虎虎，造成很多不可挽回的後果。」

戴眼鏡的女同學有些不以為然道：「您能舉個具體的例子嗎？」

威廉‧傑文斯老師彬彬有禮道：「當然可以，我記得在前幾年發射一枚衛星失敗了吧？具體原因就是細節問題：配電器上多了一塊 0.15 毫米的鋁物質，正是這微不足道的鋁物質，導致了那場衛星爆炸。正所謂『失之毫釐，差之千里』。要想保證一個由無數零件組成的機器能夠正常運作，就必須透過各類技術標準和管理標準，忽視任何一個細節，都可能導致無法挽回的災難。」

女同學心服口服地表示同意。一位男生也舉起手示意道：「那我們應該如

何整體縱覽全局，局部抓住細節呢？」

　　威廉‧傑文斯老師說道：「這就要看各位的邏輯思維能力了。各位應該都知道，邏輯思維是人們在認識事物的過程中，借助概念、判斷和推理等思維形式，能動地反映客觀現實的理性過程。因此，每個人的思維都有自己獨到的地方。有的人邏輯思維相對弱一些，因此難以理解，或經常理解錯別人的意思。所以，提高自己的邏輯思維很重要。」

　　那位男同學點點頭，說道：「道理我都懂，但是我們應該如何提高邏輯思維呢？有沒有行之有效的方法？」

　　威廉‧傑文斯老師點點頭，說道：「之前的老師也跟各位介紹了提高邏輯思維能力的方法吧？其實，每個人提高邏輯思維能力的方法都不一樣，對於本人來說，數學是我培養邏輯思維能力的一大利器。因為邏輯思維最基本的要求，就是抓重點，每句話都會有一個或兩個關鍵詞。只要你抓住這些關鍵詞，理解對方的意思就已經事半功倍了。」

　　「那提高整體能力呢？」

　　威廉‧傑文斯老師笑著說道：「講過的周全邏輯，就是提高整體能力的好方法啊。萬事思慮周全，就能縱覽全局，梳理事態發展趨勢，讓自己始終有所準備。」（見圖 9-7）

萬事思慮周全，就能綜覽全局，整理事態發展趨勢，讓自己始終有所準備。

圖 9-7　考慮周全

第九章　傑文斯導師主講「數與量之間的邏輯」

　　看著奮筆疾書的學生們，威廉‧傑文斯老師笑瞇瞇地說：「各位，今天的邏輯課程就到此結束了，跟各位上課真的很愉快，下次再會。」

　　大家都鼓起掌來，希望用最熱烈的掌聲送別這位親切的邏輯學家。

第十章

奧卡姆導師主講「走在邏輯剃刀的邊緣」

　　本章透過四個小節，詳細介紹了片面思考的危害，也講述了邏輯學大師奧卡姆的主要觀點，即「剃刀定律」。奧卡姆認為命題中的詞項概念就是思想中的事物是唯一真正的現實，而直覺能感覺到的客觀事物倒是思想中事物的不完全的反映。作者透過對奧卡姆此言論的解讀，用幽默風趣的語言，為讀者展開了邏輯學畫卷。本章適用於習慣片面思考的讀者。

奧卡姆

(Ockham，約西元 1285—1349)

英國學者。奧卡姆被稱為無敵博士，曾加入方濟各會修士會，在牛津大學學習，從 1 西元 315—1319 年在牛津任教。他是中世紀最後一批學者之一。

奧卡姆一以貫之堅持的是唯名論的個體化原則，奧卡姆反對湯瑪斯·阿奎那所堅持的溫和實在論，他認為人的理智所能把握的概念並不是真正的存在，世界上唯一真實存在的是個體，而概念是人類理智對於個別事物之間相似性的一種把握。

第一節　走在片面思考的陡峭之路上

今天，張時萌本來心情很好，但上午卻發生了一件事，讓張時萌有些氣急敗壞。

事情是這樣的，張時萌託朋友從國外買了一盒昂貴的巧克力，本想下班犒賞一下自己，沒想到還沒等午休，巧克力就被別人吃掉了。

肯定是事務所的小趙吃掉的，張時萌暗想，辦公室裡的零食，只要沒放在抽屜裡，小趙總會不經允許私自吃掉。

正想著，有人從後面拍了張時萌一下，張時萌轉頭一看，正是把自己拉到邏輯學課上的那名後輩。

「怎麼啦張時萌，怎麼氣呼呼的？」

第十章　奧卡姆導師主講「走在邏輯剃刀的邊緣」

「別提了，我們事務所的小趙又把我的巧克力吃掉了，這盒巧克力可是我特意請國外朋友代為購買的，一小盒要好幾百呢。」

「不會吧，」後輩有些驚訝，「小趙上午剛吃了我一盒餅乾，你看見他吃你巧克力了嗎？」

張時萌氣呼呼地說：「我倒是沒親眼看到，但除了他還有誰？我們事務所裡就他有這個毛病。」

正在這時，一個穿中世紀服裝的人從後面走來，同時拍了拍張時萌的肩膀：「這位同學，你剛才說的話我都聽到了哦！這可不好，在沒有證據的前提下隨便懷疑別人，可是一種片面思考的表現哦！」

張時萌正在氣頭上，於是不情願地說道：「您是哪位啊？」

來人笑瞇瞇地開了口：「自我介紹一下，我是各位今天的邏輯學老師──奧卡姆。」

張時萌有些無奈地說：「可是，奧卡姆老師，您不知道，這個小趙平時就喜歡私自吃掉別人的東西，這怎麼能說我是片面思考呢。再說了，什麼是片面思考啊？」

奧卡姆老師笑瞇瞇地說：「片面思考是一個很跳躍的詞彙哦，就是你的思維以個人為中心，超越了現實存在的事物。例如，你對隔壁的帥哥說『你是一條泥鰍』，但實際上，你的鄰居不是一條泥鰍，但你堅持你的意見，就說他是一條泥鰍，那這就可以說是你的片面思考了。」

張時萌還想反駁，奧卡姆老師卻沒有給她機會，而是問她：「你聽說過狐狸和葡萄酸的故事嗎？」

張時萌有些疑惑地說：「聽過。」

　　奧卡姆老師笑著說：「狐狸走到一個葡萄架下，想方設法地摘葡萄，但是無論如何都摘不到。於是，狐狸看著飽滿的葡萄說道：『算了，這個葡萄太酸了，不好吃。』這只狐狸只是抓不住葡萄，所以編造了一個能讓自己好過一些的藉口，聊表安慰。其實你也是這樣的心理。你不知道巧克力是被誰拿走的，所以片面判斷是小趙拿走的，讓你的怒火有一個可以發洩的對象。」

　　張時萌想了一下，無奈地表示贊同奧卡姆老師的說法。

　　一個男生對張時萌笑了一下，然後發出了疑問：「奧卡姆老師，片面思考有什麼不好嗎？既給自己找了一個發洩的對象，又幫助自己確定了一個嫌疑人。」

　　奧卡姆老師無奈地說：「我跟各位講個小故事吧。在很久以前，舍衛城的人都沒見過大象。有一天，外邦進貢了一隻大象，全城都騷動了，大家都來看熱鬧。有五個瞎子也想知道大象到底是什麼樣子，於是就擠進去，打算用雙手鑑別。」（見圖 10-1）

圖 10-1　摸象

有些聽過這個故事的學生已經猜到奧卡姆老師的意思了。

　　奧卡姆老師說道：「第一個瞎子走上前去，用手摸到了大象的肚子，於是

說『我知道了，大象長得像堵牆』；第二個瞎子走上前去，用手摸到了大象的耳朵，於是說『我知道了，大象長得像個簸箕』；第三個瞎子走上前去，用手摸到了大象的腳，於是說『我知道了，大象是圓柱形的，像個桶』；第四個瞎子走上前去，用手摸到了大象的尾巴，於是說『我知道了，大象長得跟蛇差不多』；第五個瞎子走上前去，用手摸到了大象的鼻子，於是說『你們說得都不對，大象就是個大鉤子！』」（見圖 10-2）

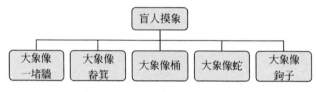

圖 10-2　盲人摸象

大家都發出了陣陣笑聲，奧卡姆老師繼續講道：「五個瞎子各執己見，互不相讓，誰也沒有把大象摸全。智者知道了這件事，就對弟子們說道：『你們瞧，這五個人都沒見過大象的真正樣子，眾生都如瞎子摸象般，偏執一方，墮於邊見，所以不能洞悉世事的本來面目。』」

學生們欣然地同意了奧卡姆老師的說法，張時萌也表示心悅誠服。

奧卡姆老師對張時萌笑了笑，講道：「一個人對事物的判斷，主要來自豐富的知識和以往的經驗。如果說一個人犯了片面思考的錯誤，很大原因就在於他對相關知識掌握得不夠，因此，思考問題會有局限性，會比較片面。尤其是在經驗豐富的前提下，更容易自持經驗，在過分自信的狀態下走向極端。」

張時萌忍不住開口問道：「奧卡姆老師，那我應當如何做，才能避免片面思考呢？」

> 每個人的人生都是一個自我完善的過程，只要平時稍加注意，就能避開片面思考的深淵。

圖 10-3　片面思考

奧卡姆老師笑瞇瞇地講道：「先實踐，再提高，這是最好的方法；與人交往的過程中，做到換位思考，即便小趙真有這些毛病，但如果不是他做的，受到別人冤枉也是一件很痛苦的事；做到多角度思考；凡事留有餘地，不要太武斷，不要忙著下結論。其實，每個人的人生都是一個自我完善的過程，只要平時稍加注意，就能避開片面思考的深淵。」（見圖 10-3）

「您說得簡單，但具體做起來，就未必有那麼容易了吧？」一個男生對奧卡姆老師發出了質疑之聲。

奧卡姆老師笑著說：「哪有十分複雜的事情呢？世界上百分之九十的煩惱，都是我們自找的罷了。下面我就跟各位講解一下本人最出名的理論 ── 剃刀定律。」

第二節　何為「剃刀定律」

「剃刀定律？聽著好無情啊。」一個女生小聲說道。

奧卡姆老師對她報以微笑，然後說道：「各位知道嗎？我是中世紀的最後一批學者之一。這也說明我對邏輯學還是有所貢獻的。當時，處於英國中世紀的我，對那些無休止的『共相』、『本質』之說厭煩無比。於是著書立

第十章　奧卡姆導師主講「走在邏輯剃刀的邊緣」

說，告訴世人我只承認確實存在的東西，對於那些空洞的東西，我認為應該無情剔除。因此，我的理論被世人稱為『剃刀定律』。」（見圖10-4）

我只承認確實存在的東西，對於那些空洞的東西，我認爲應該無情的剔除。

圖 10-4　自我完善

一位學經濟的同學突然喊道：「哦！我想起來了，您主張的『思維經濟原則』，概括起來就是『如無必要，勿增實體』，人們為了紀念您，就把您的這句話稱為『奧卡姆剃刀』！」

奧卡姆老師微笑地說：「沒錯，我這把剃刀出鞘後，把幾百年間爭論不休的神學全都剃禿了，最終讓科學和哲學從宗教中徹底分離出來，還引發了始於歐洲的文藝復興和宗教改革。科學革命，最終使宗教世俗化，形成宗教哲學，完成世界性政教分離，成果表明無神論更為現實。」

大家不由得笑著鼓起掌來，奧卡姆老師無奈地說：「但是，當時我的理論被稱為『剃刀定律』，實際上是因為這把剃刀讓很多人感到了威脅，也一度被教會的人稱為異端邪說，我也深受其害。好在，經過數百年，我這把剃刀非但沒有變鈍，反而越來越鋒利。」

一位穿戴考究的年輕人站起來，說道：「不錯，您的『剃刀理論』不但對經濟和邏輯大有助益，還向我們複雜的企業管理發出了挑戰。它幫助我指出很多東西都是有害無益的，我們也差點被這些複雜的麻煩壓垮。事實上，我們的制度和文件越來越膨脹煩瑣，效率卻越來越低，這也迫使我們用『奧卡

姆剃刀』，採用簡單的管理，化繁為簡，讓複雜的事物變得更容易。」

奧卡姆老師微笑著說：「我的理論能幫到你，是我的榮幸。恰如你所說，我們為什麼要把複雜的東西簡單化呢？用邏輯學解釋，因為複雜的東西很容易讓人迷失，只有簡單化的東西才方便人們理解和操作。隨著社會和經濟的發展，人們發現自己的時間和精力越來越少。因此，我的剃刀理論更能幫助人們劃清『重要的事』、『緊迫的事』和『沒必要的事』，化繁為簡才意味著對事情的真正掌控。」

穿戴考究的年輕人點點頭，說道：「其實，簡單管理對處在成長時期的中國企業意義非凡，但您的『剃刀定律』卻並不容易。要知道，中華文化自古講求『無為而治』、『垂衣拱手而治』、『治大國如烹小鮮』。其實這些話說起來容易，但又有幾人能像庖丁解牛般游刃有餘呢？那些一流的企業家，無一不是抱著異常嚴謹的態度經營企業。」

年輕人頓了頓，接著說道：「那些一流的企業家無不抱著異常謹慎的態度經營企業，如比爾蓋茲『微軟離破產只有十八個月』的論斷、任正非『華為的冬天』等。可見，簡單管理作為一種古老而嶄新的邏輯思維，蘊涵著深刻的內涵。」

奧卡姆老師笑著說道：「我自己都沒有想到，你能把我的『剃刀定律』解析得如此詳細。其實，在邏輯學領域，我的『剃刀邏輯』只是相對更經濟的思維方式。例如，數學和物理學公式就是『剃刀邏輯』的具體表現形式。公式十分經濟實用，簡單好記，又能被無數次套用。因此，簡單的東西總是受到追捧的。」

一位女同學說道：「您的『剃刀定律』這麼神奇，那乾脆只保留中心，剩下的都不要。」

第十章　奧卡姆導師主講「走在邏輯剃刀的邊緣」

奧卡姆老師搖了搖頭，說道：「你這就犯了『一刀切』的問題了，你不經過實踐，怎麼知道哪個是妳的中心、哪個是妳迫切需要，哪個又是妳完全不需要的呢？」

女生抬槓道：「您不是說越簡單越好嗎？既然您的『剃刀定律』百試百靈，那為什麼不一勞永逸呢？直接剔除不是更簡單嗎？」

奧卡姆老師沒有因為女生的失禮而生氣，而是溫和地說：「剃刀鋒利，稍有不慎就會割破肉。但你必須要用剃刀的原因，是因為你要刮鬍子，不是因為你刮鬍子的時候永遠不會割破肉。所以，用剃刀要看你的技巧和手法，剃刀只是一個輔助工具罷了。」

女生想了想，不再抬槓，心悅誠服坐下了。

奧卡姆老師接著說道：「我能看出，妳跟我抬槓不是禮貌問題，而是妳的習慣問題。在別人發表自己的結論後，妳會習慣性反駁別人，我不怪妳。」

女生有些不好意思地點點頭：「是啊，我是有這個習慣，而且我不知道應該如何改正它。這個習慣就像我的一部分，我根本沒意識到，它就自然而然脫口而出了。」

奧卡姆老師溫和地說：「每個人都有自己的習慣，有的習慣能幫助我們進步，有些習慣則對我們有害。好吧，接下來，我就跟各位講解一下，當習慣成為我們的軟肋的時候，我們應當如何去做。」

第三節　當習慣成為我們的軟肋

正如奧卡姆老師所說，每個人都有自己的小習慣。於是，當奧卡姆老師說到習慣問題時，學生們都豎起了耳朵，生怕聽漏了重要的內容。

奧卡姆老師笑著說：「當習慣變成自然的時候，一切行為都是在無意識中悄然進行的。不管你的習慣是好是壞，它都會影響你的生活。當習慣變成自然，而人又無法戰勝自然的時候，我們應該怎麼辦呢？這是很多人都為之困擾的問題。當習慣成為上癮的代名詞，學會自控甚至改掉習慣，就成了迫在眉睫的事情。」

大家一聽「上癮」這個詞，不由得心裡一振。是啊，習慣發展到無意識狀態，再發展成自己的軟肋，可不跟上癮沒什麼區別了嘛。就像過失吸毒的人一樣，戒毒就相當於讓他們置之死地而後生。可以說，戒掉一個習慣可比養成一個習慣更為困難。

奧卡姆老師頓了頓，微笑著說：「各位知道如何養成一個習慣嗎？」

有些人說：「當然是透過時間來養成習慣啊。」

也有人說：「多做就能養成習慣。」

奧卡姆老師笑著總結道：「沒錯，時間可以說是習慣的催化劑，而數量則是養成習慣的助推劑，但是，理智是改掉習慣的殺手鐧！」

大家聽完為之一振，確實，自制力是克服習慣的最好辦法，當事情發展到難以控制的地步時，就說明習慣已經反客為主，成為生活中的一大阻礙。這就迫切需要人們拿出自己的自制力，改掉不好的習慣。

奧卡姆老師說道：「各位，改掉習慣其實也不難。就如各位所說，要在時間和數量上下功夫，不要有僥倖心理。在邏輯學上，僥倖心理就是失敗的前兆。」

張時萌舉手問道：「奧卡姆老師，您能說得具體點嗎？我的自制力就很差。」

第十章 奧卡姆導師主講「走在邏輯剃刀的邊緣」

　　奧卡姆老師微笑著說：「你可以嘗試做其他有益的事情，當其他事占據主導位置時，習慣就自然喪失了作案機會。中國有句老話，叫『癮，奉之彌繁，侵之愈急』，其實習慣也是這樣。如果你有足夠的自制力，很好改掉習慣，但如果你的自制力沒有這麼強大，渴望一朝一夕改掉它，也是不可能的事情。」

　　張時萌不由自主地發出了一聲嘆息：「唉，習慣為什麼如此難以改變呢？」

　　奧卡姆老師也很無奈地說道：「因為習慣就深深藏在我們的潛意識當中。我們僅僅依靠顯意識，幾乎是無法改變習慣的。因為顯意識只在我們警覺的時候起作用，但你不可能 24 小時都保持警覺，那樣你的身體也會吃不消。顯意識就像一個執勤兵，在執勤兵高度緊張的時候，習慣是不會出來作祟的，但它永遠靜靜地站在哪裡，等待執勤兵開小差。因為潛意識是不需要休息的。」

　　張時萌聽完更加絕望：「那我的習慣永遠不能改變了嗎？我亂猜忌的習慣已經嚴重困擾到我的生活了。」

　　「當然不，我親愛的學生，」奧卡姆老師肯定地說道，「奧斯特洛夫斯基有句名言我很喜歡 —— 人應該支配習慣，而絕不能讓習慣支配人，一個人不能去掉他的壞習慣，那簡直一文不值。這句話看似無情，卻很有道理。改掉習慣其實也並非不可能。」

　　張時萌豎起耳朵，拿起筆來，一副洗耳恭聽的樣子。

　　奧卡姆老師笑著說：「萬事開頭難，難改的習慣也是如此。就像火箭剛脫離地球的時候，想要脫離地心吸引力其實是最難的，也是需要耗費最多能源

的。然而，只要克服『壞習慣』起初的阻力，一切問題也就迎刃而解了。」

張時萌問道：「您是說，在最開始的時候，我需要全神貫注，只要持之以恆就能改掉習慣？」

奧卡姆老師點頭：「沒錯，雖然在最開始的時候會很困難。但你要知道，絕對不會一直這麼困難的，當你的『好習慣』開始養成後，一切就會改變，你就會自然而然地維持自己的好習慣，而壞習慣就被你代謝掉了。」

一位穿裙子的女生說道：「沒錯，奧卡姆老師，我改掉過不好的習慣。一開始，我會做很有把握成功的事情，即便是微小的事。每做到一件事後，就誇自己一句，慢慢地，我的榮譽感就會積少成多，也更容易養成好習慣，剔除壞習慣。」

奧卡姆老師說道：「正所謂『知己知彼，百戰不殆』，首先，我們應該全面分析壞習慣是如何形成的。當糾正壞習慣的過程中，我們忍不住又要犯時，就可以給自己一個心理暗示，告訴自己，如果持續這個壞習慣，將引起哪些不良結果。換句話說，就是不給自己再次犯錯的藉口。」（見圖 10-5）

圖 10-5　戒掉習慣

張時萌說道：「奧卡姆老師，我在改正習慣的時候，總會遇到這樣的情況，就是本來前期堅持得很好，但卻因為一個小細節讓我中斷。」

奧卡姆老師笑瞇瞇地說：「那你就要總結上次失敗的原因，下定決心，並且馬上開始下一次的行動。記住，時間、數量和理智才是你制勝的法寶。奧

第十章　奧卡姆導師主講「走在邏輯剃刀的邊緣」

維德說『沒有什麼比習慣的力量更強大』，因為習慣是思想和行為真正的領導者。人生其實就是好習慣和壞習慣的拉鋸戰，如果你渴望出類拔萃，也渴望生活方式與眾不同，那你就要明白一點：習慣決定你的未來。」

「大家都知道，改掉一個習慣，就需要理性和自制力，」看著若有所思的學生們，奧卡姆老師笑著說道，「那如果感性占據了你的人生，又會發生什麼事呢？」

第四節　當感性主宰了我們的人生

聽到奧卡姆老師的問題，一個男生搶答道：「就會經常吵架！」

大家都笑了起來，看來這位男生跟他女朋友經常吵架。果然，一個女生瞪著眼睛拉了一下男生的衣角。

「都說人是一種感性的動物，因此情緒似乎也與生俱來，」奧卡姆老師說道，「但情緒往往會左右一個人的大腦的理性思考，而非理性的思考也會導致負面的結果。」

這個男生恍若未覺，對女生說道：「難道我說得不對嗎？上次我讓你跟我回家過年，你怎麼說的？」

女生滿臉通紅地說：「你能不能別說了，現在上課呢……」

奧卡姆老師聞到了一絲八卦的味道，笑瞇瞇地擺擺手：「沒關係，你們說說看，我來給你們評理。」

男生頗為無奈地說：「我請她過年跟我回家，我同事跟他女朋友都是去男方家裡過年，既然我們打算結婚，今年也應該來我們家過年啊，但是她就是不來。」

女生爭辯道：「不是我不想去，我也得回自己家陪我爸媽啊。現在大家都生得少，我平時工作也不在家，過年還不讓我回家陪他們嗎？」

男生說道：「那你可以年初二來啊！我幫你買車票，都說了我爸媽想見你了。」

女生聲音也有些提高了：「你們家親戚朋友那麼多，我第一次去的時候都凍到感冒了，跟你拜年要從凌晨拜到傍晚。」

男生有些激動地說：「嫌冷是吧？嫌我們是鄉下人是吧？你

上次逛街的時候，你就這樣！

圖 10-6　吵架

們家往上數三輩，不也是鄉下人嗎？去趟鄉下還能把你冷死啊？不想來就別來，找什麼藉口！」

女生也生氣了：「你喊什麼啊？一個大男人，這樣說話有意思嗎？有點事你就開始嚷嚷，心平氣和地說不行嗎？上次逛街的時候你就這樣。」（見圖10-6）

男生也火了：「男人怎麼了，男人天生就欠你們的是吧？上次逛街都是甚麼時候的事了？你除了會翻舊帳還會幹什麼！」

女生眼見著要哭了，奧卡姆老師趕緊上前制止了男生。但男生還是嚷了

第十章　奧卡姆導師主講「走在邏輯剃刀的邊緣」

一句：「不想來就說不想來，想分手就直說，你可以找個有錢人。」

氣氛一下子變得很僵，奧卡姆老師嚴肅地對男生說：「我要批評你兩句，本來過年帶女朋友回家是件好事兒，你怎麼鬧的要分手了呢？雖然情侶間本來就帶有感性因素，但是這不能成為吵架的理由。」

男生有些憤慨地說：「就因為她怕冷，我媽還特意裝了個暖氣機，結果她還是不跟我回去，這讓我媽怎麼想？」

女生委屈巴巴地說：「你也沒跟我說你媽為了我裝暖氣機了啊。」

奧卡姆老師一拍手，說道：「看見沒有？你們剛才吵架根本沒吵到重點。這位男生的本意是想說服女友跟他回家，而女生不同意也是有自己的苦衷。女生說怕冷是事實，但男生卻沒有把家裡裝暖氣機的『解決方案』說出來，而是暗自惱怒，扯出讓自己自卑的因素，一股腦全怪在女方頭上；而女方也扯出以往不愉快的經歷，兩人各執一詞，火藥味越來越濃，雙方都很情緒化，才導致這次『談判』的失敗。」

女生想了想，說道：「我承認，我不應該翻舊帳，抱歉。」

男生沒有吭聲，奧卡姆老師接著說：「當感性戰勝理性時，人往往會變得情緒化，而情緒化則是人類焦慮、緊張、恐懼、壓力和憤怒等感受的表現方式。人在情緒化的時候，就不能冷靜、理智的處理問題。」

「你大概不是堅定的唯物主義者吧？」奧卡姆老師詢問男生。

男生撓了撓頭，說道：「算是吧，雖然我一直受唯物主義教育，但我也挺迷信的。」

奧卡姆老師笑著說：「一個過於感性的人，往往是個唯心主義者，常常以自我為中心，很少能換位思考。因此，情緒化的人大多不會顧及別人的感

受。你就是這樣，沒有為對方著想。」

男生有些不好意思，於是向女生道歉：「對不起，是我不好，我不應該對你發脾氣。」

女生氣哼哼地沒有理他。男生有些尷尬，問奧卡姆老師：「您說，這種情況我該怎麼辦呢？我從小就控制不住自己的脾氣。」

奧卡姆老師說道：「當你處在憤怒的情緒裡時，在說出傷人的話語前，先深吸幾口氣，這樣就能冷靜下來，不讓情緒沖昏自己的頭腦。除此之外，你應該先照顧對方感性的情緒。其實女生看似無理取鬧，實際上只想看男生是否在乎她，是否顧及她。如果男生只是一味亂吼，或者講道理，非得辯個誰對誰錯，結果就是賠了夫人又折兵。」

男生說：「那我這時候應該怎麼辦呢？我應該怎麼跟她說呢？」

奧卡姆老師笑瞇瞇地說：「有一個非常好的辦法，就是先主動致歉，然後提出讓雙方都滿意的解決方案。例如，你倆的事情，你可以主動說：『你平時對我特別好，我都知道，也很感動，所以我想邀請你跟我回家過年，讓我父母也知道我對你的感情。還有，我知道你特別怕冷，我媽還特意給你裝了暖氣機。不過，你要是實在不想回去，我們就商量商量，看看怎樣才能把雙方父母都照顧到，你看怎麼樣？你來決定，你決定的事情我肯定照辦！』」

張時萌暗想，沒想到奧卡姆老師還是個情場高手，如果自己男朋友這麼跟自己說，自己肯定同意跟他回家過年。

男生也對奧卡姆老師做了一個抱拳的動作表示敬佩。

奧卡姆老師笑著說：「當感性戰勝理性時，千萬不要感情用事，因為你事後肯定會後悔。你應該冷靜思考一下，自己應該怎麼做，應該怎麼說，對方

才更容易接受，這樣才能減少很多不必要的爭執。好了，今天的邏輯學課程就到這裡了，希望大家都能理性面對問題，減少吵架次數，讓人生變得更美好！」（見圖 10-7）

　　大家爆發了熱烈的掌聲，剛才吵架的小情侶鼓掌尤為熱烈。奧卡姆老師就在學生們的掌聲中，慢慢地走下了講台。

當感性戰勝理性時，千萬不要感情用事，因為你事後肯定會後悔。

圖 10-7　理性

第四節　當感性主宰了我們的人生

第十一章

胡塞爾導師主講「深奧的邏輯之艱難的判斷」

　　本章透過四個小節，詳細介紹歸納與發散的邏輯學問題。透過閱讀本章內容，讀者就能明白，只有搞清問題，才能一錘定音。在判斷過程中，邏輯思維能力尤其重要。因此，本章使用了通俗易懂的問題，配以大量佐證，詳細介紹了邏輯思維在判斷中的重要性。本章適用於判斷能力較弱的讀者。

埃德蒙德・古斯塔夫・阿爾布雷希特・胡塞爾

（Edmund Gustav Albrecht Husserl，西元 1859—1938）

二十世紀奧地利著名作家、哲學家，現象學的創始人，同時也被譽為近代偉大的哲學家之一。

1883 年起，埃德蒙德・胡塞爾在維也納追隨德國哲學家、心理學家弗朗茲・布倫塔諾（西元 1838—1917）鑽研哲學，作為弗朗茲・布倫塔諾及卡爾・斯圖姆夫的學生，他影響了伊迪・斯坦因、歐根・芬克、馬丁・海格爾、讓・保羅・薩特及莫里斯・梅洛 - 龐蒂。埃德蒙德・胡塞爾先後在德國哈雷、哥廷根和弗賴堡大學任教，直到西元 1928 年退休。西元 1938 年病逝於弗賴堡。

第一節　人生若只如初見

自從奧卡姆老師講完感性和理性後，張時萌就開始刻意管理起自己的脾氣了。身邊人都說張時萌變了好多，變得更溫柔知性了。這些都是奧卡姆老師邏輯課的功勞啊，張時萌暗想道。

正想著，一個戴著眼鏡，西裝革履的文藝老青年慢步走上講台：「各位午安，我是今天的邏輯學老師，來自奧地利的埃德蒙德・古斯塔夫・阿爾布雷希特・胡塞爾。」

誰？大家聽得雲山霧罩的，外國人的名字怎麼都那麼長呀？

來者笑了笑：「各位叫我埃德蒙德・胡塞爾老師就可以了。大家平時都讀

第十一章　胡塞爾導師主講「深奧的邏輯之艱難的判斷」

詩詞嗎?」

詩詞?大家再次瞠目結舌了,這些外國老師怎麼對中華文化了解得這麼深啊!

埃德蒙德‧胡塞爾老師說道:「納蘭性德有首作品我很喜歡,叫木蘭詞,開頭便是『人生若只如初見,何事秋風悲畫扇』。這句話是感慨日久見人心。因為在初次相遇時,我們總被對方的優點吸引,繼而對對方抱有美好的幻想……可時間久了,幻想破滅了,我們開始面對現實了,才感慨道:人生若只如初見!」

看著埃德蒙德‧胡塞爾老師感慨的樣子,張時萌覺得有些酸溜溜的,但是大部分學生都被埃德蒙德‧胡塞爾老師的神情吸引了。

埃德蒙德‧胡塞爾老師說道:「其實,古往今來,物是人非,讓人唏噓的不過是變化罷了。人們喜歡追憶初見,不過是回憶最初的美好罷了。人總會覺得,最初的東西就是最美好的,但如果人生一直都像初遇那樣簡單,沒有波折該多好。大家都知道納蘭性德嗎?」

學生們大多都搖搖頭。埃德蒙德‧胡塞爾老師感慨道:「對納蘭性德來說,不管是進宮的表妹,還是溫柔的盧氏,都沒能陪他到最後。所以他青衫濕遍,沉醉在最初的場景裡不願意清醒。而每個看到『人生若只如初見』的人,在心裡都會有一個已經失去或永遠得不到的人吧!」

張時萌也生出了一些感慨。是啊,得不到的才是最好的。就像張愛玲說的,每個男人的生命裡,都會出現很多女子。得到紅玫瑰,紅玫瑰就變成了蚊子血,而得不到的白玫瑰就是白月光;得到白玫瑰,白玫瑰就成了一粒稻米飯粒,而得不到的紅玫瑰則成了胸口的一顆硃砂痣。

為什麼呢？因為回憶裡只有初見。在回憶裡，初見的美好被捧上了聖壇。紅色如硃砂痣般紅豔誘人，白色如白月光般清冷高貴。而那些勤勤懇懇的枕邊人，都因為太具體，太有生活氣息，一身柴米油鹽，所以留給她們的結局便只能是「雖然躺在男子身邊，卻永遠入不了他的夢裡」。這是何等唏噓。

埃德蒙德・胡塞爾老師說道：「在邏輯學中也是如此。第一次做，或第一次看到什麼東西時，心中的欣喜是無法言喻、不可替代的。第一次見到的人，如果留下美好印象，不管之後發生什麼，至少回憶的時候是絕美的。」

一個男生撓著頭髮，說道：「是啊，剛開始的時候，相互還不了解，覺得彼此都特別美好，但隨著日後的相處，矛盾就出來了。再美好的東西，也會走下聖壇，會互相厭倦，然後演變成爭執，最後以分手收場。」

一個女生說道：「看來不能輕易談戀愛。兩個人還是應該從朋友做起，慢慢熟悉，從相處的點滴來看兩個人是否合適。一旦兩個人決定在一起了，就不要動不動就分手，有問題可以慢慢解決，東西破了還慢慢修補呢，總不能稍微壞一點，就扔掉買個新的吧？」

埃德蒙德・胡塞爾老師笑著說：「可是，現在生活節奏這麼快，有一些人就覺得：喜歡就在一起，不喜歡了就分手，不要拖著。所以，現代人的愛情都是比較短暫的。不瞞各位，我最開始也是抱有如此想法的，但後來，我發現自己錯了。」

張時萌一聽有八卦，立馬說道：「埃德蒙德・胡塞爾老師，快跟我們說說吧！」

埃德蒙德・胡塞爾老師又是一臉感慨地疏導：「單身的人總在尋找真愛，

第十一章　胡塞爾導師主講「深奧的邏輯之艱難的判斷」

找到一個不錯的，相處一下，發現對方不像自己想像中的那樣完美，於是趕緊換下一個。談戀愛就像洗牌一樣，你可能在相處的對象中，已經錯過了自己的真愛，只是你沒有發覺。因為你在出現問題的時候，不是溝通解決，而是逃避。」

一個男生一臉痛苦地說：「是啊，為什麼不解決呢？我前女友遇到問題從來不說，一直忍著，我一直以為是她脾氣好。直到最後分開的時候，她對我說『我已經忍你很久了，累了，分手吧』，於是我一點挽回餘地都沒有了。為什麼要忍呢？出現問題不應該解決嗎？你指出我的缺點，我說出你的缺點，大家一起看看能不能改，這樣不好嗎？」

埃德蒙德‧胡塞爾老師拍了拍男生的肩膀，安慰道：「是啊，兩個人在最開始相遇，都會給對方呈現自己最完美的一面。男生講禮貌，尊重女生，關心女生；女生喜歡打扮，內外兼修，體貼男生。可是，這樣能堅持多久呢？幾年？幾個月？幾天？剛開始的甜言蜜語還在手機裡，可現在除了必須要說的話，已經沒有多餘的關聯了。可能正是這些改變，才真應了那句『等閒變卻故人心，卻道故人心易變』吧？」

大家都是一臉感慨地點點頭，埃德蒙德‧胡塞爾老師接著說：「其實，在相處過程中，男生和女生從美好到不歡而散，大多情況都是因為判斷失誤。男生說的話跟不上女生的思維，女生覺得男生不理解自己。這就涉及問題的判斷 ——」

第二節　判斷的過程中，真假難辨

埃德蒙德‧胡塞爾老師喝了口茶，繼續說道：「關於判斷，各位有過真假

難辨的時候嗎？」

一個男生用力地點點頭，說道：「當然，我經常聽不出別人的隱藏含義，很多時候，人家說反話，我卻當真話來聽。但是，上了威廉‧傑文斯老師的課程後，這個問題好多了。」

埃德蒙德‧胡塞爾老師笑著點點頭：「邏輯學課程對你很有用，這也讓我很欣慰。其實，每個人對不同的話都有不同的理解。但現代人說話確實讓人真假難辨。」

一個女生笑著問道：「您也遇到過難辨真假的時候嗎？」

埃德蒙德‧胡塞爾老師認真地說：「當然了，就說昨天吧，我去一個餐館吃飯，正好遇到兩個婦女在愉快地談話。其中一個婦女說『我家女兒太平凡了，每個月就賺五萬多塊，長得也很一般，追她的男生也不多，只有兩三個吧，好在追她的男生條件都還不錯，有個還是總裁。哎，誰知道她能不能嫁出去呢，真是讓我很頭疼啊』。另一個婦女說『你家女兒多好啊，大家都誇你女兒又漂亮又能幹呢。不像我家兒子，開了家小公司，每年收入也就幾百萬，他眼光又高，找對象這方面，我才是操不完的心呢。』」

埃德蒙德‧胡塞爾老師說完，大家都笑了。一個男生笑道：「這倆婦女也太虛偽了，說好聽了叫假謙虛，說不好聽了，就是在顯擺嘛。」

埃德蒙德‧胡塞爾老師也笑了，他調皮地說道：「於是我就上前搭話，說『那把你倆的孩子互相介紹一下，不就好了嘛』。結果女方家和男方家異口同聲地拒絕了我的提議，讓我很尷尬。」

一位女生感慨道：「現代人說話越來越玄，我都分辨不出來哪句是真，哪句是假了。」

第十一章　胡塞爾導師主講「深奧的邏輯之艱難的判斷」

埃德蒙德・胡塞爾老師搖搖頭：「其實，真話和假話還是很好分辨的。我這裡有三個方法介紹給大家。第一個叫矛盾法。也就是說，在真話和假話中，可以透過『非真即假』和『一找二繞三回』的方法。」

女生摀著臉說道：「您可別又繞又回的了，我都被繞糊塗了。」

埃德蒙德・胡塞爾老師笑著說道：「我跟各位出道題吧！小鄭是位新人，剛到公司上班，處長鼓勵他說『我們公司的年輕人，都在事業上獲得相當大的進步』，副處長則告訴他『我們單位的年輕人都沒什麼進步』，科長則對他說『我們公司年輕人都很勤奮，因此都有不小的進步』，小鄭的同事說『我們科長很年輕，就是愛說謊，但比之前進步多了』。經過一段時間，小鄭發現這四個人裡，只有一個人說假話。大家能推斷出是誰嗎？」

張時萌在筆記本上記了很多，慢慢推算道：科長和同事說的話，並不是完全矛盾的。科長愛說謊，並不代表每句話都是謊言。但處長和副處長的話卻是相互矛盾的，因此，二人之間肯定有一人說假話。同事說，科長也是年輕人，有進步，所以副處長的話，跟三人都矛盾，選副處長。

張時萌剛算出來，大家就七嘴八舌地說：「選副處長！」

埃德蒙德・胡塞爾老師笑瞇瞇地說：「不錯，大家的邏輯思維都很強大嘛，那怎麼會出現判斷失誤的情況呢？說到底，還是沒走心啊！」

大家恍然大悟。剛才提問的男生也說道：「是啊，我不太注意傾聽別人的談話內容。有時候，我在壓力和緊張的情緒下，就更判斷不出真假了。」

埃德蒙德・胡塞爾老師說道：「其實，判斷真假不難，難的是每個人的想法都不同。我再跟各位舉個例子吧。同事二人在工作中遇到了問題，被老闆大罵一頓。於是來到教堂，給神父訴說了自己的經歷。神父聽完，只說了一

句話：『不就是一個工作嗎？』各位聽完這句話，請給出你們自己的感想。」

張時萌率先答道：「是啊！不就是一個工作嗎？我會選擇不做了，再找一份工作。」

另一個女同學說：「我也會選擇不幹了，但是我要創業！」

一個男生說道：「不就是一個工作嗎？在哪做不都一樣嗎？別的地方說不定還不如這兒，我還是老老實實幹活吧。」

埃德蒙德・胡塞爾老師笑著說：「看，各位聽到的是同一句話，但卻給了我不同的答案。我能說有人錯了嗎？不能，因為這是大家的選擇，是大家對這句話做出的判斷。」

張時萌明白了，她說：「其實判斷的正確與否，只在自己的選擇。」

埃德蒙德・胡塞爾老師笑著說：「不錯，如果你判斷失誤，只能證明你的選擇出現偏差。大家都知道諸葛亮的空城計吧？」

學生們都點頭表示知道。

埃德蒙德・胡塞爾老師接著說道：「當時，蜀中沒有武將，只剩幾千老弱殘兵和一班文官。諸葛亮城門大開，讓士兵扮作百姓在城門口打掃，自己在城樓上彈琴。司馬懿認定，諸葛亮一生謹慎不敢冒險，諸葛亮就是看準這一點，才給司馬懿唱了一齣空城計。我們能說司馬懿判斷失誤嗎？只能說諸葛亮神而近妖罷了。」（見圖 11-1）

第十一章　胡塞爾導師主講「深奧的邏輯之艱難的判斷」

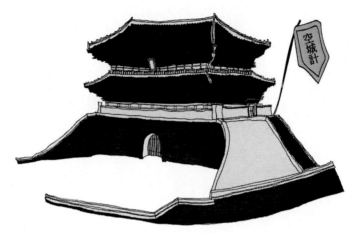

圖 11-1　空城計

學生們思索了一下，確實是這個道理。

埃德蒙德・胡塞爾老師笑著強調道：「所以，只有思考全面，才能做出最合理的判斷，只有在行動之前搞清問題，才能一錘定音！」（見圖 11-2）

圖 11-2　全面思考

第三節　搞清問題，才能一錘定音

聽聞埃德蒙德‧胡塞爾老師此言，一個男生忍不住問道：「為什麼不是解決問題，才能一錘定音，而是搞清問題呢？」

埃德蒙德‧胡塞爾老師笑道：「你知道人與人的差距是怎麼顯現的嗎？」

男生搖頭表示不知道。

埃德蒙德‧胡塞爾老師神色誇張地說：「其實！最開始的時候，大家面對的都是同一個問題，都站在同一個起點。就算沒有外力相助，我們也不難發現，走著走著，人與人的差距就越拉越大。有的人越走越快，有的人開始落後，有的人已經偏離了原來的路線。」

男生表示強烈的贊同：「確實是這樣的，我們宿舍有六個人，剛來的時候，大家都是差不多的，但現在，我們之間的差距已經越來越明顯了。這是為什麼呢？」

「很簡單，」埃德蒙德‧胡塞爾老師說道，「就像我剛才說的，在面對問題時，每個人的腦子都會做出不同的思考。因為思考的內容不一樣，做出的判斷不一樣，所以得出的最終答案也不一樣。這就是差距產生的過程。」

張時萌提問道：「您的意思是，有的人在做事前，知道把問題搞清，這才是他們甩開我們的原因，是這樣嗎？」

埃德蒙德‧胡塞爾老師點點頭表示肯定：「在做事的過程中，我們會面對很多未知的困難，有很多複雜的問題。因此，我們在做事之前，一定要把問題搞清，最好制定一個行之有效的方案。要知道，一帆風順的任務太少，這就需要我們因時制宜、因事而異，掌握正確的方向和方法，才能得到最好的

第十一章　胡塞爾導師主講「深奧的邏輯之艱難的判斷」

結果。」

一個女生說道：「您能跟我們舉個例子嗎？」

埃德蒙德‧胡塞爾老師說道：「當然。我教過兩個學生，他們是一家公司的同事。有一次，經理安排他們二人分別做專案，A 被要求在一週內拿出方案，而 B 被要求在一月內拿出方案。項目的難易程度是一樣的，只是 A 的專案在時間上更緊迫一些。大家都覺得，A 肯定會熬幾個通宵了，沒想到 A 卻很輕鬆。因為他把整個專案的工作內容列出了重點，每天集中精力完成自己的既定計劃，讓工作一步步順利進行。最終，高效率高質量的結果，讓這個項目順利完工。」

「那 B 呢？」學生們急切地問，張時萌對埃德蒙德‧胡塞爾老師的回答產生了預感。

果然，埃德蒙德‧胡塞爾老師說道：「B 表現得相當賣力。他每天都是第一個來，最後一個走，甚至還熬了幾個通宵，但結果卻出乎所有人的預料：B 的方案沒有通過。原來，B 每天的忙碌都沒有忙到重點。很多時候，B 自己都不知道自己在忙什麼，他的努力沒有重點，沒有針對性，時間耗費個精光，結果卻是撿了芝麻，丟了西瓜。」

大家都陷入了思考，埃德蒙德‧胡塞爾老師趁熱打鐵道：「史蒂芬‧柯維講過這樣一個故事：一群工人接到任務，去叢林裡清理矮灌木。工人中間有一個是領導者，他爬上了最高的樹，然後縱觀全貌，大聲嚷嚷道：『嘿！我們走錯了，不是這個叢林！』而工人中間有個實幹者，他從不考慮問題，接到任務就著手去幹。於是大聲回答：『你怎麼還不工作？我們正幹得熱火朝天呢！』」

學生們聽完面面相覷，有些哭笑不得。埃德蒙德‧胡塞爾老師接著說道：「如果清理矮灌木是『正確地做事』，那清理對矮灌木就是『做正確的事』。如果你一開始就努力錯方向，那你越努力，反而離最初的目標越遠。因此，相比解決問題，更緊迫的是要搞清問題。成功的人都懂得，要按照事情的重要程度來決定做事的順序。」（見圖 11-3）

一位西裝革履的男士說道：「不錯，我是管理學專業的。我們老師經常告訴我們，一個人的精力是有限的；『二八法則』也告訴我們，做百分之二十重要的事情，可以產生百分之八十的績效。在工作和生活中，按照輕重緩急來安排工作，也是能把事情辦好的有效法則。」

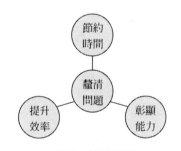

圖 11-3　搞清問題

埃德蒙德‧胡塞爾老師微笑地表示讚許：「沒錯，人的主動性就體現在這兒了。即便一件事，在眼下沒有能完全解決的能力，但也可以用現有的方法搞清一部分，這也相當於給未來問題的解決埋下一個伏筆。和解決問題相比，搞清問題在行為上看似更低一級，但卻是對人主觀能動性的最大解放。」（見圖 11-3）

一個女生舉手提問道：「埃德蒙德‧胡塞爾老師，請問我們應該如何搞清問題呢？」

第十一章　胡塞爾導師主講「深奧的邏輯之艱難的判斷」

埃德蒙德‧胡塞爾老師微笑地回答道:「很簡單,搞清問題最重要的方法是『復簡』。『復簡』就是『復』和『簡』,『復』就是『反』,『簡』就是『合』。」(見圖 11-4)

整清問題最重要的方法是「復簡」。

圖 11-4　復簡

這位女同學被埃德蒙德‧胡塞爾老師繞昏了,埃德蒙德‧胡塞爾老師哈哈大笑道:「別急,聽我慢慢道來。反的意思,就是反自己,也就是要求你用不同的角度看清問題,找到問題真正的本質;合就是精簡,把可能遇到的問題都列出來,再把這些問題精簡,把精力放到該放的地方。」

張時萌點點頭,接過了埃德蒙德‧胡塞爾老師的話說:「是啊,如果只從解決的角度看問題,永遠都無法好好解決。只有從搞清的角度出發,才能用所有力量,把問題最好地解決掉。把張開的手掌握成拳,重點出擊,才能有效地打擊問題!」

埃德蒙德‧胡塞爾老師笑著給張時萌鼓鼓掌:「沒錯,這位同學很會舉一反三,看來你的歸納能力和發散思維都很強啊!很好,歸納和發散是邏輯學裡很重要的一點,下面,我就跟各位具體講解一下。」

第四節　歸納與發散，「能屈能伸」的判斷要點

張時萌被埃德蒙德·胡塞爾老師誇得很不好意思，謙虛地低下了頭。

一個男生也想被埃德蒙德·胡塞爾老師表揚，於是舉手說道：「我的歸納能力也很強。歸納其實就是總結，把知識裡的重點和要點篩選出來；再透過重點和要點，把知識簡明扼要地表達出來。歸納就是把知識進行歸類，讓接收的內容更有條理。這樣一來，無論是記憶、理解還是應用，都要輕鬆方便許多了。」

埃德蒙德·胡塞爾老師滿意地說道：「這位同學說得太好了，我自己也不能說得更好了。」

另一個男生撓著頭髮，小聲嘀咕道：「發散思維我能理解，歸納有什麼用啊，大概知道事情該怎麼做，不就可以了嗎？」

這段話被埃德蒙德·胡塞爾老師聽到了，他嚴肅地搖了搖頭，說道：「我講個故事吧。曾經有人問孔子，誰是你最優秀的學生。孔子說『顏回』。人們問『為什麼，你有很多更聰明的弟子啊』。孔子答『顏回不遷怒，不貳過』。所謂『不貳過』，就是不在自己摔過一次跟頭的地方，再跌倒第二次；不在別人跌倒過一次的地方，再跌倒第二次；甚至不在古人跌倒過一次的地方，再跌倒第二次。要想做到『不貳過』，就離不開總結。」

一個女生點點頭，說道：「沒錯，誰不善於總結，誰就肯定會吃大虧；誰善於總結，誰就能不斷進步。人生就是一個不斷總結的過程嘛。」

埃德蒙德·胡塞爾老師笑著說道：「你倒是看得很透徹。沒錯，歸納能力很重要，但是發散思維也很重要。發散思維又被稱為輻射思維，是指在創造和解決問題的過程中，從各個方向擴展發散，不受現存的事物約束，並能從

輻射的思考中，得到更多的解決辦法。」

張時萌脫口而出：「黑格爾有句話，叫『創造性思維需要有豐富的想像』，說的就是發散思維吧？」

埃德蒙德・胡塞爾老師說道：「沒錯，現在我就出道題，考驗一下各位的豐富想像：磚都有哪些用處呢？各位請儘量想得多一些，想得遠一些，請充分運用各位的發散思維。」

馬上有同學回答：「可以蓋房子。」

有人說：「可以疊豬圈。」大家都笑了起來。

一位女同學說：「可以修圍牆。」

張時萌說道：「可以做工藝品。」

一位男同學一邊笑一邊說：「可以用來打小偷。」（見圖 11-5）

圖 11-5　磚的用處

埃德蒙德・胡塞爾老師拍手笑道：「從發散思維的角度來看，我應該給這位男同學高分！因為他把磚頭和武器關聯在一起了。記得貝爾納說過『妨礙學習的最大障礙，並不是未知的東西，而是已知的東西』。事實就是這樣，有一道測試智力的題，問：『有什麼辦法能最快地把冰變成水？』很多人都回答『加熱』或『太陽曬』，而答案卻是『去掉冰的兩點水』。這就超出大部分人的想像了。」

張時萌說道：「這種髮散思維要求人們按照與認識事物相反的方向去思考

問題，從而得出超常的見解。其實，發散思維就是突破常規，標新立異，是一種不滿足『人云亦云』的思維。它表現了積極探索的超凡創造性，但同時又不違背生活實際。」

埃德蒙德・胡塞爾老師笑著說：「不錯，你的見解很獨到，也很正確。就比如抽油煙機，大家都在『不沾油』上下功夫，但是不沾油哪有那麼容易做到呢？用戶還是每隔半年就清洗一次抽油煙機。而美國一位發明家，卻從相反的方向思考。他發明了一種專門的吸油紙，用戶只需要每隔半年換一次吸油紙，就能把抽油煙機整理得乾淨如初了。這就是發散思維的實用之處。」

埃德蒙德・胡塞爾老師接著說道：「我們再做一個練習吧！請各位用邏輯學中的歸納能力和發散思維來解析『能屈能伸』這個成語。」

大家七嘴八舌地討論起來。有人說：「能屈能伸是指人能適應各種境遇，在失意時能忍耐，在得志時能施展抱負。」有人說：「能屈能伸，就是見人說人話，見鬼說鬼話。」還有人說：「屈，是一種難得的糊塗；伸，是以退為進的謀略！」

埃德蒙德・胡塞爾老師笑瞇瞇地看著大家，給自己的學生們鼓起掌來：「真好，各位的邏輯思維已經很強了。我再跟各位出個問題：某地由於有一些工廠排放汙水，使河流汙染嚴重，有關當局採取了不少措施，如罰款等，但是還是不能解決問題，請你開動腦筋，想一想，怎樣才能讓工廠既能繼續生產又不至於汙染河流呢？」

大家又給出了很多方案。埃德蒙德・胡塞爾老師說道：「大家說得都很有道理。而有位著名的邏輯學家也對此提出了自己的設想：可以立一項法律——工廠的水源入口，必須建立在它本身汙水出口的下游。」

第十一章　胡塞爾導師主講「深奧的邏輯之艱難的判斷」

　　張時萌想：把工廠水源入口，建立在汙水出水口的下游會怎樣呢？

　　埃德蒙德·胡塞爾老師看出了大家的疑惑，笑著解釋道：「看起來，這是個匪夷所思的想法，但它確實有效地促使工廠進行自律，假如自己排出的是汙水，輸入的也是汙水，這樣一來，能不採取措施淨化輸出汙水嗎？」

　　大家恍然大悟，紛紛拍手稱讚。

　　埃德蒙德·胡塞爾老師整理了自己的資料，然後笑瞇瞇地說道：「各位，今天的邏輯學課程就到這裡了。期待下次與大家相遇！」

　　學生們用熱烈的掌聲送別了這位可敬的邏輯學家。

第四節　歸納與發散，「能屈能伸」的判斷要點

第十二章

布里丹導師主講「深奧的邏輯之奇葩的悖論」

　　本章透過四個小節，詳細介紹邏輯中的奇葩悖論，也介紹反其道而行之的邏輯思維方法。布里丹提出了解決這種悖論的方法。他的推論學說在歐洲中世紀邏輯中具有重要地位，其內容包括直言命題和模態命題中的推論規律和三段論推理。因此，作者透過大量佐證及配圖，幫助讀者理解布里丹的邏輯思維，同時提高讀者的邏輯思維能力。本章適用於邏輯思維能力較強，渴望獲得賽局思維的讀者。

布里丹

(Buridan， 西元 1295—1358)

法國哲學家。曾於西元 1328 年和西元 1340 年先後兩次任巴黎大學校長。他對科學問題有廣泛的興趣，註釋了亞里斯多德的物理學和天文學著作，並在這些方面進行了一定的研究。其邏輯著作有《論辯術大全》和《推論》等。

布里丹對命題的真假條件做了種種規定。例如，他提出一個命題與其矛盾命題的真值正好相反。他曾提出說謊者悖論的一個變形：「寫在這卷書中的一切語句都是假的」。

這個語句是寫在這卷書中唯一的一個語句，如果這個語句是真的，那麼它就是假的，因為它是寫在這卷書中的一個語句；如果這個語句是假的，那麼這卷書中至少有一個語句是真的，可是這卷書中只有唯一的一個語句，因此它是真的。

第一節　布里丹之驢

張時萌回去之後，滿腦子都是埃德蒙德・胡塞爾老師的「人生若只如初見」，還有他教給大家的判別真假、搞清問題和發散思維。

今天又是哪位邏輯學老師來講課呢？

張時萌正想著，耳邊卻傳來了一聲驢叫，嚇得張時萌把手裡的筆記本都扔出去了。

第十二章　布里丹導師主講「深奧的邏輯之奇葩的悖論」

只見一位牽著毛驢，抱著乾草的西方面孔走上講台。張時萌不由得一愣：這是來講課的，還是來惡搞的？

張時萌身邊一個男生也被眼前的景象驚呆了，他試探著問道：「您該不會是布里丹……老師吧？」

來者笑瞇瞇地說：「沒想到學生們竟然認識我，我真是太榮幸了。沒錯，我就是布里丹。」

男生一臉黑線地說：「我是透過您的驢子認識您的，而且我還猜到，您今天肯定要跟我們講『布里丹之驢』吧？」

布里丹老師訕笑了一聲，答道：「哈，這位同學還真是聰明……沒錯，我今天跟各位講解的邏輯學內容，就跟驢有關。」

張時萌差點兒嗆到，驢跟邏輯學有什麼關係？

布里丹老師迅速放好兩堆乾草，趕緊說道：「各位，大家請看！我這隻驢是隻理性的驢，我的乾草也是完全相等的！在這種情況下，我的驢會被餓死！因為它不能決定，自己到底該吃哪一堆乾草。」（見圖 12-1）

圖 12-1　布里丹的驢

「真的假的啊？」學生們紛紛發出了質疑聲，但是眼前的驢確實是沒有吃草。一個男生有些懷疑地問：「您是不是出門前，已經把驢餵飽了啊？」

布里丹老師臉一紅，連咳了幾聲：「不要胡說，要相信科學！這可是由本人名字命名的著名悖論——在決策過程中猶豫不決、遲疑搖擺的現象，就被稱為布里丹毛驢效應！這只毛驢最後會被餓死，原因就在於它左右乾草都不想放棄，不懂得如何決策。」

張時萌脫口而出道：「有句老話，叫『魚和熊掌不可兼得』。布里丹毛驢效應產生的根源，應該和這句話同出一脈。既想要得到魚，又想要得到熊掌，最後的結果就是魚和熊掌都得不到。」

布里丹老師讚美道：「不錯，沒想到早就有了如此精妙的邏輯學論斷。這種思維方式，從表面上看是追求完美，實際上是貽誤良機，這反而是最大的不完美。」

布里丹老師接著說道：「各位在生活中也會面臨多種抉擇，如何選擇，對於人生的成敗有著至關重要的影響。因此，人們也希望能得到最佳結果。在抉擇之前反覆斟酌，權衡利弊是十分必要的。但如果猶豫不決，舉棋不定，就會造成大悔。機會稍縱即逝，不會給你足夠的時間反覆思考，更多的是要求我們當機立斷，迅速決策。如果各位違背了『布里丹毛驢效應』，就會兩手空空，一無所獲。」

一個男生說道：「這就像《聊齋志異》中一篇『老狼救子』的故事一樣。」

布里丹老師面露疑惑之色。

男生說道：「兩個牧童進深山，發現狼窩裡有兩隻小狼。他倆各抱一隻，分別爬上兩棵大樹，兩樹相距數十步。不多時，老狼來找小狼，其中一個牧

第十二章　布里丹導師主講「深奧的邏輯之奇葩的悖論」

童掐住小狼的耳朵，弄得小狼慘叫連連。老狼狂奔而來，氣得在樹下亂抓亂咬。此時，另一棵樹上的牧童掐小狼的腿，另一隻小狼也哀號不斷。老狼又聞聲趕去，不停奔波於兩樹之間，終於累得氣絕身亡。」

布里丹老師連連搖頭：「唉，可憐的動物。這隻狼之所以累死，是因為它犯了『布里丹毛驢效應』，它想把兩隻小狼都救回來。如果它死守一棵樹，至少就能救回一隻。更為可悲的是，它不僅在實質上，而且在形式上也完整地再現了這一效應的形成過程。」

一位男同學推了推眼鏡，說道：「我們沒有理由說驢比狼更愚蠢，如果說愚蠢，有時人比驢和狼都蠢。古人講：『用兵之害，猶豫最大；三軍之災，生於狐疑。』三國時期的袁紹就是如此。袁紹四世三公，門生故吏遍天下。他擁有占天下一半的軍馬錢糧和文臣武將，但最後還是輸給了兵少地稀的曹操。原因就是他『有謀而不善斷』，做事情太過猶豫，幾次三番錯失戰機，導致全軍覆沒。」

「是啊，不善斷者就不能在不利環境中逆勢而動，」布里丹老師說道，「只有把眼前的機會抓住了，把手頭的事情辦好了，才有勝利的可能。與其在原地好高騖遠，絞盡腦汁地編織出兩全其美的方案，還不如面對現實，竭盡全力把眼前最重要的事情辦好。」（見圖 12-2）

不善斷者就不能在不利環境中逆勢而動。

圖 12-2　善斷

張時萌說道：「我聽過一個故事，一個人為了抓老鼠，特地弄來一隻擅長抓老鼠的貓，但這隻貓有個毛病，它很喜歡吃雞。結果就是這人家中的老鼠被抓光了，但雞也所剩無幾了。這個人的兒子想把吃雞的貓趕走，但這個人卻說：『老鼠偷食物，還咬壞衣物和作物，挖穿牆壁，損害家具，不除掉它們我們會挨餓受凍；沒有雞大不了不吃罷了，離挨餓受凍還遠著呢。』由此可見，這個人就很會權衡利弊。」

布里丹老師笑著說：「你們的故事真多。不錯，利與弊只是一件事情的兩面，很難分割。有些人能夠分清孰輕孰重，從而做出最佳決策；有些人卻只顧眼前得失，分不清輕重緩急，釀成大錯。因此，了解『布里丹毛驢效應』也是十分有用的一件事。」

第二節　悖論人生，以邏輯披荊斬棘

布里丹老師話音剛落，一個男同學就舉起手來：「說到貓吃雞，我想起來一個問題。雞生蛋，蛋又孵雞。那是先有雞還是先有蛋呢？如果先有雞，雞從哪兒來呢？如果先有蛋，蛋又從哪兒來呢？」

布里丹老師被問得一愣，但還是回答了他：「這是一個自然悖論啊，我沒辦法給你解釋答案，誰也無法解釋答案。也許本來就這樣，不是任何東西都可以有答案的，沒有答案就是答案。其實，作為一個邏輯學家，我最頭疼的事情，也是生活中的各種悖論現象。」

張時萌有些疑惑地歪著頭，思考片刻說道：「布里丹老師，生活中的悖論現象很多嗎？我怎麼一個都沒察覺到。」

布里丹老師調皮一笑：「比如中國古代的科舉制度，還有現在各國普遍施

行的考試制度。這些制度的執行出現了很多不公平的事，而且出現了不少社會副作用，但取消它反而不能體現公平公正。所以，對於如何選拔社會有用人才方面，誰也給不出一個最佳答案。」

大家都笑了，布里丹老師對中華文化也很了解嘛，看來剛才大家給布里丹老師講故事，確實是班門弄斧了。

布里丹老師接著說：「再比如社會管理方面。想要保證一定的社會秩序，就要有一定的社會管理規則和部門。但規則的制定和管理部門的組成都是由人完成的，因此，這就不可避免地涉及人的利益，它的公正和公平性就值得質疑。現在有很多利益執法、粗暴執法的現象，就是其存在的問題。但不可否認，沒有社會管理是不行的。所以，這樣的社會悖論現象應該如何解決，在邏輯學和現實中是沒有最佳答案的。」

大家仔細思索了一番，似乎是這個道理。

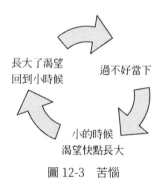

長大了渴望
回到小時候

過不好當下

小的時候
渴望快點長大

圖 12-3　苦惱

一個女生說道：「我在網路上看到這樣一段對話，覺得很有意思。弟子問師父：『人活著有什麼奇怪的地方嗎？』師父說：『人們急於成長，在長成後又哀嘆失去的童年；他們用健康換來金錢，不久後又要用金錢來恢復健康；他們對未來焦慮不堪，卻又無視現在的幸福。因此，很多人沒有活在當下，

也沒有活在未來。他們活著的時候彷彿不會死亡，在臨死前又彷彿從未活過。』」（見圖 12-3）

布里丹老師與學生們一起，都發出了一聲感嘆：「這段話真是太有道理了！這就是典型的悖論。這段話雖然不全面，卻也說明了一點：人生處處充滿悖論，只要活著，就沒人能跳出糾結的漩渦，也沒有哪種理論能夠窮盡人生。」

手戴佛珠的男士說道：「古往今來，不管是哲學還是宗教，都在探究人活著的意義。它們都對人生有堅定不移的解釋。但人生在世，哪有那麼容易超脫呢？有句話說得好：痛並快樂著。雖然這句話也是一個生活悖論。」

「不錯，從這個意義上來看，似乎文學對人生的解讀更貼近心靈，」布里丹老師笑著說，「人有時活在理想裡，有時活在現實中；人們在現實中追夢，卻在夢裡離不開人間煙火。但這句美如詩的話，在邏輯學中也是一個悖論。在物慾橫流的今天，珍惜現在就是對得起生命了。很多哲學和宗教，都教導人如何活著，或如何活得更好，這反而加劇了人心的糾結。」

張時萌脫口而出道：「人生的糾結，其實也沒有那麼多非黑即白，只要不逾禮法，不違背道義，怎麼好就怎麼來吧，何必那麼認真呢？人這一生，誰能把自己的生活真正說得明白呢？」

布里丹老師笑著說：「你倒看得透徹，不錯，『難得糊塗』也是超越人生悖論的一種途徑。」

一位穿白襯衫的男同學說道：「人這一生，說白了就是四個字：生死名利。人生就是由生到死的過程，中間的一切都是為了名利。為了得到名利，每個人都不知道付出了多少痛苦的代價。道理說得簡單：過得幸福就好了。但沒

第十二章　布里丹導師主講「深奧的邏輯之奇葩的悖論」

有名利又何談幸福？這就是最現實的道理。人生很難自己規劃和把握，大部分時候都是隨著社會大浪潮，沖到哪裡算哪裡。就算心有不甘，也很難擺脫現狀。」

另一位男生反駁道：「你可以學學老祖宗啊。例如，魏晉時期的阮籍、嵇康，風流灑脫，超然於世，這也是一種生活態度啊。」

穿白襯衫的男同學搖搖頭說道：「老祖宗們的灑脫，放到現代人的標準看，也是很痛苦的一件事。單單說生活清貧這件事，就有多少人忍受不了？何況阮籍、嵇康們，在風流灑脫下也是有痛苦的，他們的痛苦世人卻很少探究。所以，只能說他們是痛苦並灑脫。」

布里丹老師笑了笑：「你們說得都有道理，這也是一種人生悖論。這樣的悖論是不可迴避的，只能直接面對它。人活著，就要立足世俗，但又不能完全被世俗化。要有夢想和追求，卻又不能只做夢。從邏輯角度來看，

活著，就要立足世俗，但又不能完全被世俗化。要有夢想和追求，卻又不能只做夢。

圖 12-4　立足世俗

孔子是做得最好的。他對社會的一切都看得慣，在亂世中又保持著清醒，追求自己的理想和事業。人活得太過世俗也很可悲，太過超脫了也痛苦，像孔子一樣在世俗中超脫的境界最好。」（見圖 12-4）

學生們思考著布里丹老師的話，也頗有些感慨。布里丹老師調皮地笑了：「被悖論衝擊的時候，來點逆向思維是再好不過了。逆向思維能幫助你轉換思考方式，從另一個角度超脫。」

第三節　反其道而思之的逆向思維

「逆向思維又稱求異思維，它是對日常見慣的事情從相反的方向思考，從而獲得一種全新解決方式的途徑，」布里丹老師看著疑惑的學生們解釋道，「敢於『反其道而思之』，就能讓思維站在對立面縱觀發展的方向，從問題的反面進行探索，樹立一種新思想。」

一位學者模樣的男士說道：「當大家都朝著固定思維方向思考問題時，你卻獨自向反方向思考，這樣的思維方式就是逆向思維。不錯，人們習慣沿著事物的發展方向思考問題，並且在這個方向上尋求解決辦法。殊不知，從結論往回推，倒過來思考，也許會讓問題簡單許多。」

布里丹老師笑著說：「是這樣的。在生活中也有很多透過逆向思維取得成功的例子。例如，某時裝店經理，不小心把一條高檔的連身裙燙出一個洞，導致連身裙的身價跌到谷底。這件連身裙的料子也沒辦法織補，如果強行矇混過關，也是欺騙顧客，問題更大。於是經理突發奇想，又在連身裙上挖了很多小洞，添以裝飾，將其命名為『鳳尾裙』。」

一位女生一臉恍然大悟地打斷了布里丹老師：「原來鳳尾裙是這麼來的呀！看來跟隱形襪有異曲同工之妙！」

布里丹老師沒有責怪她的無禮，反而笑瞇瞇地說：「是啊，鳳尾裙的銷路一下就打開了，這也給服裝店帶來了豐厚的收益。你說的隱形襪我倒是沒聽

第十二章　布里丹導師主講「深奧的邏輯之奇葩的悖論」

過，有什麼故事嗎？」

女生有些不好意思地說：「襪跟容易破掉，襪跟一破，就等於毀掉了一雙襪子。因此，商家運用逆向思維，成功製作了無跟襪，創造了良好的商機。」

布里丹老師拍手笑道：「這個例子真不錯。據說，逆向思維還能讓人年輕呢。各位請想，明年的你，會比今年的你大一歲。所以，今年的你，就比明年的你要小一歲。對於老年人來說，這樣的逆向思維能讓人的心態變年輕；對於年輕人來說，則會讓他們珍惜時光，更加努力。」

布里丹老師繼續說道：「我看過一篇小故事，覺得其中蘊含了深刻的邏輯學知識。一位母親有兩個兒子，大兒子是開染布坊的，小兒子是賣雨傘的，日子過得不錯，但這位母親成天愁眉苦臉的。於是鄰居就問她：『你為什麼每天都不開心？』老母親回答道：『天下雨了，大兒子染的布就沒法兒晾乾；天晴了，小兒子的雨傘就賣不出去。』鄰居哭笑不得地說：『你反過來想想啊，天晴了，你大兒子的布能曬乾；天下雨，你小兒子的雨傘能賣掉。多好啊！』於是，逆向思維讓這位母親重新充滿了活力，每天都過得很開心。」

學生們都露出會心的笑容，看來逆向思維確實很有效啊。

布里丹老師繼續說道：「不止在生活中，在發明創造方面更需要逆向思維。傳統的破冰船都是依靠自身的重量來壓碎冰塊，所以它的船頭採用高硬度的材料製作而成，設計得十分笨重，轉向也很不便利。因此，老式破冰船非常害怕從側面漂來的浮冰。蘇聯的科學家運用逆向思維，把下壓冰變成上推冰，讓破冰船潛入水下，依靠浮力從冰下破冰。」

很多學生都露出恍然大悟的神情，一臉敬佩。

第三節　反其道而思之的逆向思維

布里丹老師笑著說：「是啊，新發明的破冰船設計得非常靈巧，不僅節約了很多材料，而且不需要太大的動力，安全性也大為提高。每當遇到厚實的冰層，破冰船就像海豚一樣上下起伏，破冰的效果非常好。蘇聯研發出的新型破冰船，還被稱為『二十世紀最有前途的破冰船』。」

一位男生點點頭，說道：「不錯，『雙向旋轉發電機』也是如此。中國發明家蘇衛星翻閱了各國內科技文獻，發現發電機共同的構造是各有一個定子和一個轉子，定子不動，轉子轉動；而蘇衛星的『雙向旋轉發電機』定子也轉動，發電效率比普通發電機提高了四倍。就像蘇衛星自己說的：『我來個逆向思維，讓定子也旋轉起來。』」

布里丹老師拍手表示讚賞：「不錯，逆向思維可以創造很多意想不到的奇蹟。下面，我跟各位講解一下逆向思維的三大類型，這三大類型會對各位大有助益。首先是反轉型逆向思維法。這種方法是指從已知事物的相反方向進行思考，產生發明構思的途徑。比如市場上的無煙鍋，是把原有的熱源從鍋具的下方轉移到上方，這就是利用逆向思維，從結構方面進行的反轉型思考。」

「第二個就是轉換型逆向思維，」布里丹老師說道，「也就是說，在研究某個問題時，由於解決方案受阻，而轉換成另一種方案的手段。例如，中國歷史上很出名的『司馬光砸缸』，就是一個用轉換型逆向思維法的例子。」

「第三個就是缺點逆向思維法。這是一種利用事物缺點，並將其變為可利用優勢的思維方法。這種方法能化被動為主動，化不利為有利，化弊為利，找到解決方法。例如，金屬的腐蝕性是一種壞事，但科學家利用金屬的腐蝕性原理進行金屬粉末生產，這就是缺點逆向思維法的一種應用。」布里丹老師說道。

張時萌不由得感慨道：「邏輯學中的逆向思維果然強大。」

布里丹老師笑著說：「是啊，不過，強大的不僅有逆向思維，還有賽局思維呢。」

第四節　決戰中少不了賽局思維

「賽局思維？」一個女生聽後不由得重複了一遍。

布里丹老師微笑地肯定道：「不錯。你喜歡下棋嗎？當你下棋的時候，是不是很希望取得勝利？如果是，那你在下棋的過程中，肯定會為如何取勝而苦思冥想。就在你苦思冥想的過程中，就包含了『賽局論』。也就是說，你在走每一步

圖 12-5　思考

棋時，腦海裡肯定與對方過了很多招。你會想到，如果我走了這一步，對方會如何應對？我還是否有優勢等。你的大腦會快速運轉，比較每一種可能性，最終選取一個最好的方案。」（見圖 12-5）

女生恍然大悟地點點頭，表示自己聽明白了。布里丹老師接著說：「賽局思維法，就是你在做決策之前，要考慮自己的行為是否對別人產生影響，同時考慮別人的行為是否會對你產生影響，然後採取措施。賽局思維的前提之一，就是絕對理性的假設。也就是說，你和你的對手都是聰明人。畢竟一個聰明人與一個傻瓜，是沒有賽局的必要的。」（見圖 12-6）

張時萌旁邊的女同學皺著眉頭問道：「您有什麼例子輔助講解一下嗎？我有點沒聽明白……」

博弈思維的前提之一，就是絕對理性的假設。

圖 12-6　賽局思維

「當然，」布里丹老師笑著說道，「在邏輯學中，賽局論是相當重要的知識點，而賽局論中有一個經典案例，叫『囚徒困境』。說得是兩個囚犯的故事：甲和乙一起做壞事，被警察抓了起來，分別關在兩個不能互通訊息的牢房裡進行審訊。警察告訴二人：『如果告發你的同夥，那你就能被無罪釋放，還可以拿到一筆獎金。你的同夥會按照最重的罪來判決，並且對其施以罰款。如果你們都坦白的話，兩個人都會按照最重的懲罰來判決。』甲和乙的選擇就是坦白和沉默。於是囚徒賽局開始了──」

布里丹老師饒有興味地說道：「如果兩個囚犯都沉默，就都會被釋放，因為警方無法給他們定罪。從表面上來看，兩人都應該保持沉默。但囚徒的目標是最大限度地減少自己的損失和痛苦。於是二人都會想：『我根本無法想像他會不會出賣我，他肯定會為了自保對我不利。如果他出賣我，我沉默，他就會拿到錢且無罪釋放；如果我倆都出賣對方，大不了一起坐牢。』」

學生們仔細思索了一番，的確是這個道理。囚徒肯定會想：如果沒辦法確保對方不出賣自己，先出賣別人總是好的。就算兩個人一起坐牢，也比只有自己坐牢強。

布里丹老師說道：「賽局論最初是運用數學方法，研究有利害衝突的雙方在競爭關係下，是否存在自己制勝對方的最佳策略，以及怎樣找出這種策

第十二章　布里丹導師主講「深奧的邏輯之奇葩的悖論」

略。賽局論從古至今，都在軍事戰爭和人為控制方面造成巨大作用。」

一位老師模樣的女士笑著說：「諸葛亮就很擅長賽局論了。《隆中對》就是其對天下大勢的分析，他提出了聯吳抗曹的策略，便是典型的賽局策論。」

布里丹老師笑著回應道：「中國是四大文明古國之一，歷史悠久。《孫子兵法》中早就有『知己知彼，百戰不殆』的高論，更有『不戰而屈人之兵』的策略。其作者孫武，其實就是著名的賽局策論家。」

張時萌開口道：「所謂『下棋看三步』，就是賽局的思維方法吧？」

布里丹老師點頭：「不錯，賽局思維法是思維方法裡比較難把握的方法。因為它比較複雜，且具有理論上的多樣性，以及行動上的一次性等特點。在決策之前，思維主體應盡可能預測事態發展可能出現的一切情況，具有前瞻性，在此基礎上實施最佳方案。下面我跟各位講解一下賽局法的基本步驟。」

布里丹老師清了清嗓子，說道：「首先是診斷問題所在，確定目標，這才是實際操作的前提。就像醫生給病人看病，必須先診斷一番，確定病因才能對症下藥。如果你不知道問題出在哪兒，也不知道自己的行動目標，那一切思考和行動都是盲目的。」

「其次是探索和擬定各種可能的備選方案。在目標明確之後，就要圍繞目標尋找各種可能的方案，並盡可能安全，因為每一種可能的方案都有可能成為最後的決策。最後是從各種備選方案中選出最合適的方案。」布里丹老師說道，「在生活中也常會用到賽局法，尤其是在決定重大事情之前，一定要注意權衡利弊得失，注重長遠，既要善於選擇，也要學會放棄。」

　　張時萌說道：「這其實就是一場心理的較量。就像打麻將的時候，老手常對新手大傷腦筋一樣。因為對手如果不按常理出牌，自己費心地謀劃也不會取得多大效果。」

　　「沒錯，賽局方法需要借助於一定的心理分析，」布里丹老師笑著說道，「參加賽局的雙方，取勝的因素依賴於對對手的分析、估測。因此，估計對手的實力固然很重要，但根據雙方以往交手的情況，揣摩對方現在的心理更為重要。」

　　布里丹老師看著若有所思的同學們，笑著說道：「好了，各位，這節課就上到這裡。希望還能有跟各位上課的機會！」

　　大家都用最熱烈的掌聲送別了布里丹老師和他的驢。

第十三章
策梅洛導師主講「深奧的邏輯之不堪一擊的騙局」

　　本章透過三個小節，詳細介紹深奧的邏輯，以及不堪一擊的騙局。在生活中，不少讀者都會碰到各式各樣的騙局，如果上當，就表示邏輯思維還不夠強大。基於此，本章使用通俗易懂且幽默風趣的文字，幫助讀者避開生活中的騙局。本章適用於邏輯思維能力較弱，且渴望避免上當受騙的讀者。

策梅洛

(Zermelo，西元 1871—1953)

德國數學家。公理集合論的主要開創者之一。策梅洛的主要貢獻是集合論基礎，1904 年發表的論文不僅解決了格奧爾格．康托爾的良序問題，而且給出了選擇公理（也稱為策梅洛公理），它有上百種等價形式，幾乎已應用於每一個數學分支，成為一個獨立的研究領域。

策梅洛對物理、數學應用一直有濃厚的興趣，在變分法、氣體運動學等方面也有研究。

第一節　邏輯學是否包含騙局

今天中午，張時萌在教室附近選了一家麵館吃飯，一個老人拿著一張樂透向她走來。老人對張時萌說：「小姐，你幫我看看這張樂透是不是中獎了？」張時萌拿來一看，果然，老人中了二獎，價值一千多萬元！

張時萌趕緊說：「老爺爺，您中獎了，去銀行兌獎就可以！」

老人搖搖頭，說道：「我不懂啊，這樣吧，你給我五千塊錢，我把樂透賣給你，你去兌獎吧。」

張時萌一看，這麼大的獎，於是連連搖頭：「不行啊，您這個中了一千多萬呢，我不能占您這個便宜啊。」

老人很堅持地說：「那五百，五百賣給你。」

看到老人的態度，張時萌疑竇頓生，堅決拒絕了老人。隔壁桌的男人掏

出五百塊錢，過來把老人的樂透買走了。過不多時，男人氣呼呼地回來了，一進門就嚷嚷道：「那個老頭呢？這張樂透是假的！騙走了我 500 塊。」

張時萌看了一會兒，趕緊回到了教室裡準備上課。

剛進門，就看見了一位臉很小，戴著眼鏡的老師站在講台上。張時萌有些歉意地對老師點點頭，老師對她寬容地笑了笑：「你好，我是策梅洛。我知道你為什麼遲到了，因為你目睹了一場騙局的發生，對嗎？」

張時萌有些驚訝道：「您怎麼知道的？」

策梅洛老師調皮地一笑：「我其實也在那家餐廳，而且，我這節課的內容也和詐騙有關。」

一位男同學有些疑惑地說：「您不是要跟我們講邏輯學課程嗎？這跟詐騙有什麼關係呢？」

策梅洛老師笑著說道：「很多人可能會說：『騙局不就是詐騙嗎？詐騙應該屬於犯罪學啊，為什麼會算進邏輯學裡？』詐騙屬於邏輯學範疇嗎？答案是肯定的，如果腦筋好，還會被騙嗎？」

大家都笑著表示贊同。策梅洛老師接著說道：「在一個騙子橫行的時代，要想不被騙是一件困難的事情，但是也不是做不到，其實有一些手段能讓你變得聰明，遠離騙子。要想不被騙，那麼首先要學會怎麼識別騙局。」

一個女生性急地說：「您快跟我們講講吧！我經常被各種騙局騙到。」

「先別急，」策梅洛老師笑著說，「為了敘述地更準確，我先跟各位對『騙局』做一個邊界的限制：受騙者並未受到脅迫，如綁架或威脅等；受騙者並無其他過失，如受騙者沒有把柄在騙子手裡。」

策梅洛老師繼續說道：「剛剛步入社會的年輕人和老人占了受騙者的大多

數。防止受騙的方法也很簡單，就是『三勿一要』。『三勿』是指勿貪心、勿好色、勿輕信，『一要』是指要驗證對方的訊息來源。為什麼這麼說呢，因為我發現，幾乎所有的騙局都是圍繞貪心、好色與身分偽造而展開的。」

「您能跟我們舉個例子嗎？」剛才說自己容易受騙的女生建議道。

策梅洛老師笑著說：「就拿貪心來說吧。有個騙子曾對我說，自己有個朋友很富有，但現在被關在監獄裡。由於各種原因，他那個朋友不能暴露身分，因此需要一個和他沒有關聯的人去保釋他那個朋友。由於他那個朋友在監獄裡不能拿到錢，因此讓我幫忙交錢保釋他，還許諾出獄後給我一大筆獎金酬謝。這樣的『預付款騙局』其實是很常見的，想必各位也經常遇到『中獎騙局』吧？」

張時萌點點頭，她手機裡總有各種提示她中獎的簡訊。

策梅洛老師說道：「其實，只要你的邏輯思維能力足夠強，那麼識別『預付款騙局』的方法也很簡單。當對方還沒有和你建立起足夠的信用的時候，一旦對方向你要錢，就可以認定這是一場騙局了。至於跟好色有關的騙局就更多了。」

策梅洛老師調皮地一笑：「跟好色相關的騙局其實比較簡單，因為它的原理就是人遇到美色的時候，智商就會降低。有些騙子會假裝和受騙者保持曖昧，或者談戀愛。在受騙者被迷得顛三倒四後，就開始編造各種藉口借錢，最後銷聲匿跡，讓受騙者人財兩空。」

一個男生不以為然地說：「都說談戀愛的時候智商會下降，但是有人跟你要錢，你還不提高警惕嗎？被騙的人真是一點邏輯思維都沒有。」

策梅洛老師嚴肅地搖搖頭：「不是這樣的，這類騙局其實很殘酷。因為

第十三章　策梅洛導師主講「深奧的邏輯之不堪一擊的騙局」

受害者往往在社會上得不到認可，但對愛情有所幻想，隨後騙走的不僅僅是他的錢，更是他對社會的信任。識別這種騙局的方法：認準對方的社會身分，弄明白對方看上自己的原因。當然，你得先對自己的水平有一個客觀的認識。」

「偽造身分的騙局我知道，」一個女生憤憤地說道，「我媽媽有個高中同學，就冒充教育部的人員，說能幫我打點，上一個好大學，結果騙了我家十多萬。」

策梅洛老師笑著說道：「心疼你一秒鐘吧。其實，與偽造身分相關的騙局，相比前兩者要複雜一些，畢竟，要讓對方相信自己的身分往往要費一番功夫。利用受害者的親情、同情心、好奇心等，依然可以獲得不小的收益。其實，這種騙局也不難揭穿，只要多打聽打聽，像你這個，直接去教育部一問，真假立見。」

「那有沒有很高深的騙局呢？」一個男生舉手問道。

「當然，各位聽說過『金字塔騙局』嗎？這就是典型的拆了東牆補西牆，」策梅洛老師笑著說道，「這種騙局的運作規則，就是用後一批投資者的錢，支付給前一批投資者作為投資的利潤。在此基礎上一環套一環，直到最後崩塌。由於前一部分投資者確實拿到了回報，因此有人會相信這個騙局。」

男生點點頭：「確實很高端，那這類騙局的識別方法是什麼呢？」

策梅洛老師笑瞇瞇地說道：「不要覺得自己能輕易得到『內部消息』，既然是內部消息，你肯定是不會拿到的。也不要在對產品獲利方式不甚了解的情況下就盲目投資。」

第二節　貓鼠遊戲越玩越乏味

「怎麼會有那麼多騙子啊，真討厭。」一個女生一臉厭惡地說道。

一個男生認真地說：「當然是因為有利可圖啊，你想想，騙子不用本錢，錢來的快，還能產生巨大的滿足感和優越感。」

女生一臉嫌棄地說：「騙人還能產生滿足感和優越感啊？太變態了吧。」

策梅洛老師說道：「不，這位男生說得很對。其實，騙子在第一次行騙時的感情可能是緊張和恐懼的，但後來會逐漸轉化成刺激，變成金錢刺激和心理滿足。然而，時間久了，騙子就會感到無比空虛，無比乏味。相信大家都看過李奧納多的電影《神鬼交鋒》吧？」

「當然啦，小李子的作品嘛。」大家都異口同聲地回應道。

策梅洛老師笑著說：「在電影裡，李奧納多的形象百變，但這些都是艾巴內爾的縮影。艾巴內爾在現實中，是紐約一間文具店老闆的兒子，母親則是一位法國人。西元 1965 年，年僅十六歲的艾巴內爾因父母離異而離家出走。在紐約一間旅店裡，他認識了幾名機組乘務人員，從那時起，他就立志當一名飛行員。但與此同時，他不想花時間去上飛行課。於是，他弄來一套制服，再偽造一套證件，『飛行員』生涯就此展開。」

大家暗想，自己十六歲的時候，大概都在看漫畫、寫作業。

策梅洛老師繼續講道：「不久之後，他冒充泛美航空公司的飛行員周遊了五十個州、二十多個國家。如果飛機上的乘客知道飛行員中有他這麼一位冒牌貨的話，不把膽嚇破才怪！艾巴內爾後來很快就意識到，如果你的表演足夠逼真，人們幾乎可以相信你說的任何事情。因此他的膽子也越來越大。後

第十三章　策梅洛導師主講「深奧的邏輯之不堪一擊的騙局」

來他又偽造了醫學院文憑，稱自己是一家醫院的夜班主管；再後來，他又搖身一變成了路易斯安那州大法官的助理。」

「他也過得太精彩了吧？」一個女生感慨道。

策梅洛老師搖搖頭：「騙人的代價，就是不能向任何人說出真相。艾巴內爾說，騙子的生活是孤獨的，因為你不可能對其他任何人說真心話。有一次，艾巴內爾實在寂寞難耐，向他女朋友袒露了自己的真實身分。結果，他女朋友立馬就向警方報了警，他只好逃之夭夭。」

張時萌看過這篇報導，當艾巴內爾回憶起這段情緣時，他依然惆悵不已：「我認識那麼多人，只對她說過真話，但是她卻背叛了我。我當時還是個小屁孩，你讓我能怎麼想？『看，這就是說真話的下場！你不能向任何人說出真相，如果你不是個醫生不是飛行員不是律師，他們也不會對你另眼相看！』打那之後，我誰都不敢相信了。」（見圖13-1）

> 騙人的代價，就是不能向任何人說出真相。

圖 13-1　代價

策梅洛老師說道：「大部分騙子的智商都很高，但時間長了，聰明人也會犯低級錯誤。當時，艾巴內爾透過各種途徑，填寫了假支票詐騙了超過兩百五十萬美元的現金。為此，他被 FBI 列為頭號通緝犯，同時也是 FBI 有史以來最年輕的頭號通緝犯。在 FBI 探員口中，他是一個外號『天行人』的通天大盜。然而，法網恢恢，疏而不漏，二十一歲的他終於被抓獲。值得一提

的是，現實生活中的艾巴內爾，被捕過程和電影版完全不同。」

一個女生興味盎然地催促道：「策梅洛老師，快跟我們講講吧？我超喜歡看《神鬼交鋒》這部電影了！實際情況到底是怎麼回事啊？」

策梅洛老師笑著說：「實際情況聽我慢慢道來。當時，艾巴內爾正藏身紐約。一天，兩名正在速食店裡吃熱狗的便衣偵探無意中瞥見店外有個人和他們追蹤多日的艾巴內爾長得非常像，但又不敢確認。一位偵探情急生智，扯開嗓門大喊一聲：『嘿，法蘭克！』聽到有人叫自己，艾巴內爾下意識地回了頭，就此中招。他自己也沒想到，自己會被這樣低級的錯誤騙了。他還自嘲地說：『這個例子可以證明，再精明的人有時也會犯很低級的錯誤。』」

「事實上，艾巴內爾的邏輯思維是很縝密的，但 FBI 調查小組同樣不差，」策梅洛老師說道，「當時，卡爾·漢瑞帝花費了好幾年尋找法蘭克，最終才發現法蘭克不是個成年人，只是個孩子。最後，艾巴內爾才被 FBI 逮捕。FBI 逮捕了他，把他關押在蒙皮立警察局。經過短暫的審訊，法蘭克承認，但拒絕透露任何關於他的罪行的具體訊息。但他還是受到欺詐等多項罪名指控，被關進了惡名昭著的監獄裡。」

一個女生說道：「唉，真可惜，這麼聰明，還這麼年輕就去坐牢了。早知道這樣，當初幹嘛要去當騙子呢？」

策梅洛老師說道：「也並非如此。坐了五年牢後，艾巴內爾在其二十六歲那年獲得了提前假釋。隨後，艾巴內爾做了很多工作，但最後都因自己的前科被解僱。一段時間後，法蘭克開始感到沮喪，因為他了解他的才華，他必須找到一個方法來推銷自己。令人驚訝的是，正是捕獲他的人給他提供了第二次機會。美國聯邦調查局需要利用他的經驗和知識，以便更好地逮捕罪犯，也算是他用自己的力量贖罪了。」

第十三章　策梅洛導師主講「深奧的邏輯之不堪一擊的騙局」

張時萌點點頭，她在律師事務所的時候，也知道艾巴內爾不僅是法蘭克是世界上最具權威性的文件欺詐研究者，包括支票詐騙、偽造和貪汙，而且還出版了幾本書籍、手冊和文章，並設計了世界各地的企業都採用的安全支票。

策梅洛老師笑道：「當然，像艾巴內爾這樣的還是少數。大部分騙子還是心術不正，且屢教不改的。因此，預防受騙的邏輯思維就顯得特別重要。」

第三節　騙子的天敵，是邏輯思維

「防騙的邏輯思維？您快跟我們講講吧，」一個女生面露慍色地說，「我前一陣子也被騙了！」

策梅洛老師說道：「別急，我先跟各位講個故事。有一位姓趙的女士接到了一個電話，對方用很正規的口氣告訴她中獎了，希望趙女士能提供給自己帳號。趙女士猜到是騙子，但是想到有個不用的帳戶，裡面只有幾十元，於是就告訴了對方，打算看看對方耍什麼把戲。」

一位男同學說道：「知道了對方要詐騙，應該就不會被騙了吧？」（見圖13-2）

策梅洛老師神祕一笑，說道：「當趙女士的帳戶提供給騙子之後，對方很快打來了第二個電話，

圖 13-2　被騙

是讓趙女士確認自己帳戶餘額的。趙女士一查，天啊，果然多了五十萬元。趙女士徹底相信了，心想真是財神上門。過不多時，第三個電話打來了，對方在確認趙女士的帳戶裡已收到這筆獎金後，就要求她將百分之二十的稅金轉帳給該公司代繳。趙女士立馬給該公司的帳戶轉去了稅金。回家後，她迫不及待地把好消息告訴了她老公。結果，趙女士的老公卻靈光乍現，說她說不定受騙了。」

「趙女士很疑惑，錢都到帳了，還怎麼騙？結果，她老公查詢了這筆獎金是現金入帳還是支票入帳，查詢結果是支票入帳。趙女士的老公告訴她，騙子可能用一張支票存進趙女士的帳戶裡，雖然餘額會顯示這筆錢，但趙女士卻不能提取。只有三個工作日後，銀行確定支票不會被退票才能真正被提取出來。果然，過兩天後，銀行通知趙女士說，這張支票被退票了。」

「這些騙局真是讓人防不勝防啊！」張時萌不由得感慨道。

策梅洛老師笑著說道：「總之，詐騙就是以非法占有為目的，用虛構事實或者隱瞞真相的方法騙取財物的行為。由於這種行為完全不使用暴力，而是在一派平靜甚至『愉快』的氣氛下進行的，因此受害人的邏輯思維較弱，就較容易上當受騙。那麼怎麼防止詐騙呢？下面我來跟各位具體介紹一下。」（見圖13-3）

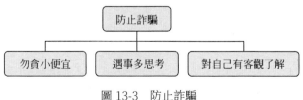

圖13-3　防止詐騙

「首先就是必須要有防止被騙的意識。有句話，叫『害人之心不可有，防人之心不可無』。當然，防人並不是誰都防備，也不是人心惶惶，而是要有這

第十三章　策梅洛導師主講「深奧的邏輯之不堪一擊的騙局」

種意識。對於任何人，尤其是對陌生人，不要輕信或盲從。要清醒，不要因為對方說了什麼好話，或者許諾了什麼好處就輕信。要懂得調查和思考，在此基礎上做出正確的反應。」策梅洛老師說道。

「其次是不要感情用事。大部分的騙局裡，受騙者都因為誤認對方是自己的『同學』『同鄉』『親戚』等受騙。要知道，詐騙分子的最終目的是騙取錢財，並且是在盡可能短的時間內騙走。因此，對於這些新認識的『落難者』，若對你提出錢財方面的要求，切不可被感情的表象所矇蔽，不要因為感覺而缺乏理智。」

一位男同學說：「那我們該怎樣辨別這些真假朋友呢？」

策梅洛老師笑道：「要學會『聽、觀、辨』，也就是『聽其言、觀其色、辨其行』，要懂得用理智去分析問題。最好能對比一下在常理下應做出的反應，如認為對方的錢財要求不合實際或超乎常理時，應及時向老師或治安單位反映，以避免不應有的損失。」

「再次是要注意『能人』，」策梅洛老師繼續說道，「對過於主動自誇自己有『本事』或有『能耐』的人，或者太熱情地希望幫你解決困難的人，你要特別留意。就像我前面說的，那些自稱能人的詐騙分子，大多會主動在你面前炫耀自己的『能耐』，說自己是如何了得，取得過什麼成就。當你遇到這種人時，你應當特別注意，因為他很可能是一個十足的詐騙分子，而且正企圖騙取你的信任，此時你的反應很大程度上決定了你此後是否上當受騙。」

剛才說被「能人」騙錢的女生用力地點點頭：「這回我可記住教訓了。」

策梅洛老師笑了笑，接著說道：「最後一點，就是不要貪小便宜。對飛來的『橫財』和『好處』，特別是陌生人對你的許諾和誘惑，要經過深思和調

查。要知道，天下沒有免費的午餐，天下也不會掉餡餅，而地上卻處處是陷阱。克服貪小便宜的心理，就不會對突然而來的『好處』欣喜若狂。對於這些『好處』，最好的防範是三思而後行。」

策梅洛老師強調道：「總之，騙子的行騙過程可分為兩個階段：一是博得信任；二是騙取錢財。對於騙子和受騙者來說，第一階段是最重要的階段，也是騙子行為表現最為突出的階段。雖然行騙手段多種多樣，但只要各位保持邏輯思維，樹立較強的反詐騙意識，克服不良心理，是完全可以避免上當受騙的。」

策梅洛老師愉快地對學生們笑了笑：「好了，今天的課程就到這裡了，祝大家今後不會上當受騙，都有一個清醒的頭腦，希望我今天的課程對各位有用，再見！」

學生們紛紛站起來鼓掌，送別了這位可愛的邏輯學家。

第十四章

穆勒導師主講「邏輯、語言與人際溝通」

　　本章透過四個小節，詳細介紹邏輯、語言和人際溝通間的關係。邏輯思維能力強的人，其人際溝通也會比常人更優秀。本章內容詳實有趣，作者加入了大量佐證，以及精美配圖，讓讀者在輕鬆明快的氛圍中與作者一起思考邏輯。本章適用於渴望改善溝通能力，提高邏輯思維能力的讀者。

約翰・史都華・穆勒

(John Stuart Mill，西元 1806—1873)

19 世紀英國著名哲學家、經濟學家、邏輯學家、政治理論家。舊譯穆勒。西方近代自由主義重要的代表人物之一。早在英國維多利亞時代，穆勒就因其鮮明的自由主義立場及對自由主義學說的清晰闡釋而被稱為「自由主義之聖」。

穆勒在自由主義發展史上的重要性在於，他第一次賦予了自由主義完整而全面的理論形式，從心理學、認識論、歷史觀、倫理觀等角度為當時已經達到黃金時期的自由主義提供了哲學基礎。其父詹姆斯・穆勒是邊沁的哲學激進派重要人物。

第一節 改善人際溝通的法寶

　　張時萌上了策梅洛老師的邏輯學課程後，只要遇到陌生人跟她搭話，就會不由自主地多了一層警惕。她明顯地感覺到，自己比之前更警覺了。今天又是哪位老師帶來精彩一課呢？

　　正想著，一位頭髮斑白，面容嚴肅的老人走上講台來。這位老師的聲音顫巍巍的，讓學生們不由得產生一種擔心。站定後，這位老人開口道：「各位，咳咳，午安。我是今天的邏輯學老師，穆勒。」

　　「您還好吧？看您狀態有些不好，還是休息一下吧？」一位男同學頗為關切地說道。

第十四章　穆勒導師主講「邏輯、語言與人際溝通」

「不，我沒事，咳咳，」穆勒老師露出一個友善的微笑，「謝謝你。」

一個穿黑衣服，坐在角落裡女生見狀有些不屑，低聲說道：「拍馬屁，在學校就是這樣……」

穆勒老師聞言皺了下眉頭，說道：「這位同學，這怎麼叫拍馬屁呢？這只是一個正常的關心，有人關心我的身體狀況，我很感激，這有什麼不對的嗎？」

女生有些臉紅，但還是嘴硬：「我看呀，他就是在拍馬屁。」

周圍的學生都搖搖頭，沒有人接話。穆勒老師見狀，有些無奈地說：「這位同學，想必你對人際關係還不甚了解吧。你這樣很容易沒朋友的。」

坐在角落裡的女生繼續反駁道：「為什麼要有朋友呢？我自己過得也很好，不想費那個勁去交什麼朋友。」

穆勒老師搖搖頭，說道：「當然，這是你自己的選擇，我無權干涉。但人是社會性動物，恰如馬克思所說：『人的本質並不是單個人所固有的抽象物，在其現實性上，它是一切社會關係的總和。』也就是說，人是不能脫離社會獨立存在的，人的生活也是離不開交往的。」

剛才對穆勒老師表示關心的男生看了坐在角落的女生一眼，說道：「穆勒老師，您跟我們講講如何改善人際關係吧？」

穆勒老師笑著說道：「好，我也正有此意。改善人際關係，也是邏輯學中很重要的一課。人際交往能力，說白了就是在一個群體內，和他人和諧相處的能力。就像我剛才說的，人是社會性動物，如果離開社會，離開了其他人，那又會是怎樣一番光景？當各位步入社會後，就會發現自己在不停與各種人打交道。在與人交往的過程中，你是否能得到別人的支持和幫助，就跟

盡可能強化正效應，克服負效應，這樣才能提高人際交往的成功率，從而促進人際關係的健康發展。

圖 14-1　正效應

你的情商密切相關了。」

張時萌也有意打開那位女生的心結，於是說道：「是啊，一個人擁有怎樣的人際關係，就關係著他未來的生活會有怎樣的幸福。如果一個人擁有和諧融洽的人際關係，那他是幸福的；相反，如果一個人長期在僵硬緊張的人際關係中，那陪伴他的無疑是孤獨。可見，人際關係影響著生活質量啊。」

穆勒老師看出了張時萌的好意，於是笑著說道：「不錯，雖然在交往過程中，我們每個人都有自己的思想觀念和心理過程，但這些都不影響人際交往。盡可能強化正效應，克服負效應，這樣才能提高人際交往的成功率，從而促進人際關係的健康發展。為達到這一效果，邏輯思維就顯得尤其重要了。有些同學還不懂這一點，總把自己在人際交往中遇到的問題歸咎於別人，這樣是不正確的。其實，處理不好人際關係的，責任多半在自己。」（見圖 14-1）

坐在角落裡的女生咬著嘴唇沒有說話，但能看出她在思考什麼。

穆勒老師趁熱打鐵地說道：「我這裡還有幾種方法，可以從邏輯學方面鍛鍊各位的思維，讓各位提高情商，促進人際溝通。」

果然，坐在角落的女生把耳朵豎起來了。再看其他的學生也是一臉興致勃勃的樣子。

穆勒老師說道：「第一條便是要對人熱情，要培養自己對人的興趣。在

第十四章　穆勒導師主講「邏輯、語言與人際溝通」

與人交往的過程中，即便不優秀，但只要待人溫柔熱情，就能讓對方產生好感。因為溫柔熱情，表示了你對對方的尊重和禮貌，這樣別人也會對你禮貌和尊重。」

張時萌點點頭，是啊，伸手不打笑臉人嘛。

穆勒老師繼續說道：「第二條便是要多考慮別人的需要。人際溝通的要訣之一，就是不會損害他人利益，最好還能幫助他人。同時，對於別人對你的幫助，一定要讓對方知道你的感激之情。」

「第三條就是打破先入為主的觀念。就像剛才這位同學，」穆勒老師對坐在角落裡的女生點了下頭，「在你心裡，已經把『對他人的關心』和『拍馬屁』畫了等號。這樣就失去了客觀公正理解他人想法的前提，是對別人很不公平，也是很不理智的。在人際溝通中，人人都有自尊，你希望別人怎樣對待你，你就得先怎樣對待別人。只有衝破偏見，才可能發現對方的本來面目，保證雙方的交往順利進行。」

坐在角落裡的女生嘆了口氣，生硬地承認了自己的問題：「是的，我人際溝通方面確實很差。也很對不起剛才那位男同學，抱歉。」

男生和穆勒老師對她報以微笑，表示了諒解。穆勒老師接著說道：「邏輯思維不僅能提升你的智商，還能讓你的提問妙語連珠，讓對方無法招架。這種邏輯思維也是在生活和工作中十分重要的。」

第二節　提問的邏輯讓你妙語連珠

穆勒老師話音剛落，一個西裝革履的男士就迫不及待地說道：「太好了穆勒老師，您快跟我們講講吧，我是做業務工作的，經常為業務提問方面的問

題苦惱不已啊。」

穆勒老師笑著問：「你是做什麼工作的？」

男士撓了撓頭，說道：「我是一名保險業務員。」

穆勒老師點點頭：「其實保險方面有一個很著名的銷售法，叫 SPIN，這就是透過邏輯思維總結出來的一項非常實用的銷售法。SPIN 是由尼爾‧雷克漢姆帶領一隊研究小組分析了三萬五千多個銷售實例，歷時十二年，耗資過百萬美元，橫跨二十三個國家及地區並覆蓋二十七個行業，終於研究出的銷售法。而 SPIN 的提問模式，也用於挖掘對方的明確需求，就此開啟了提問銷售的大門，甚至引發了銷售界的革命。」（見圖 14-2）

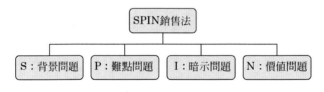

圖 14-2　SPIN 銷售法

這位西裝革履的男士聽得摩拳擦掌，不由連連催促穆勒老師快講。

穆勒老師也不再賣關子，微笑地開了口：「其實，SPIN 的意思很簡單。S 是背景問題，如您的父母親都健在嗎？您的家裡有防範風險的措施嗎？ P 是難點問題，如作為家中支柱，一定要有責任心和孝心。就算賺的錢不多，只要家人平平安安，有所保障，才證明家中支柱的可靠。您誠實地告訴我，您是這樣的家中支柱嗎？」

學生們暗暗咋舌，這種提問方式真是天衣無縫。

穆勒老師繼續說道：「I 是暗示問題，如您父親已經去世了，您還想讓您的母親沒有保障嗎？在乎眼前的小錢，失去以後的保障，您說這是孝順嗎？

N 是價值問題，如其實保險就是一種投資。只要每年交六千元，就能得到二十萬元的保障。就算您已經有勞保健保了，再加一份商業保險，生病就相當於賺錢了，您想想是不是這個道理。」

張時萌看見很多穿西裝的人都在做筆記，不由得感慨邏輯思維真是遍布生活的各個角落。

一位女同學舉手說道：「那麼，這個 SPIN 的特點是什麼呢？」

穆勒老師說道：「SPIN 是一種邏輯學策略，其特點是也按 S、P、I、N 劃分為四點。第一，讓客戶說得更多；第二，讓你更理解客戶的想法；第三，讓客戶遵循你的邏輯去思考；第四，讓客戶對你的產品或方案感興趣。」

那位西裝革履的男士匆匆做好了筆記，然後說道：「穆勒老師，您能具體教我該如何提問嗎？」

「當然可以，不如你上講台來，我們來演示一遍。我是保險銷售員，而你是客戶。」穆勒老師微笑地提議。

西裝革履的男士摩拳擦掌地走上講台，心想：看我怎麼為難你。

穆勒老師微笑地問道：「請問您有保險嗎？」

男士故意說道：「我已經有了。」

穆勒老師還是帶著親和的微笑，說道：「很好，這證明您的風險防範意識很強，您真棒。您加入勞保的時候，想得肯定也是養老方面的問題吧，您為什麼這麼關注養老問題呢？」

男士想了想，說道：「因為老了，不想成為孩子的負擔。」

穆勒老師說道：「是啊，現在有孩子的壓力都很大，以後還要買房子買車，然後還要養孩子，用錢的地方太多了，哪兒還有餘力管得了我們啊，您

說是這個道理嗎？」

男士仔細想了想，承認道：「你說得對。」

穆勒老師裝作無意地問道：「您知道您的勞保，將來退休能領多少錢麼？」

男士搖搖頭說道：「還真不太清楚。」

穆勒老師拿出紙跟筆：「我幫您算一下吧。按照您的繳費標準，月薪資六萬元，退休後可能每個月也只能拿一萬五千元左右。一萬五千塊錢，您說一個月一萬五千塊錢能夠基本生活費嗎？老了還容易生病，現在一進醫院成千上萬是一定的，您說是嗎？」

男士說道：「是啊，現在醫藥費是挺貴的，但是勞保能請領啊。」

穆勒老師笑了笑：「您確實挺了解的，但您知道嗎？我同事的父親，住院花了十五萬，有七八萬都是自費的。」

男士說道：「七八萬自費？真的假的啊，勞健保不是能支付百分之九十以上嗎？」

穆勒老師解釋道：「您知道嗎？進口藥和很多東西都是不在支付範圍之內的。萬一真的住院了，當子女的能不用最好的藥嗎？這一算，錢根本不可能少花。所以，人一老了就怕病啊，現在都一個孩子，一病就耽誤孩子的時間，還要花一大筆錢。」

男士說道：「可是我現在身體還行，萬一不生病，這錢不就白交了嗎？」

穆勒老師微笑地說道：「不會啊，現在我們有一款產品有病保病，沒病養老……你看，這不就順利引出了自己的產品了嗎？」

穆勒老師的提問方式頓時引來了學生們熱烈的掌聲。

第十四章　穆勒導師主講「邏輯、語言與人際溝通」

第三節　說服的邏輯讓你成為一句話高手

等學生們的掌聲漸漸平息，穆勒老師笑著說道：「其實，無論是提問還是什麼，目的都是說服別人。因此，說服的邏輯才是人際溝通中最重要的一環，如演講、辯論，還有我們剛才說到的銷售，目的都是說服別人。」

一位女生說道：「我經常聽演講，覺得他們的話特別有說服力，您能告訴我這是為什麼嗎？」

穆勒老師說道：「總的來說，是邏輯讓演講者成為了說話高手。仔細來說，演講面對的是特定的場地、特定的觀眾。此外，演講者還會做大量的準備，這就有充足的條件，把自己的邏輯思維帶到現場，繼而成功地說服觀眾。具體點說，演講的邏輯就是你有想法，然後把你的想法塞進聽眾的腦子裡。」（見圖 14-3）

學生們都笑了，這位女生再次提問道：「我也可以跟演講者一樣舌粲蓮花嗎？」

穆勒老師肯定地說：「當然，但是須胸中有溝壑，口中才能吐蓮花。所以，積累知識和經驗是很重要的事。一篇有說服力的稿子不是一下就能寫出來的，思辨能力也不是一朝一夕養成的。你不能一個晚上就能想出深刻的問題，就算能想出來，也不能將思路組織起來。你必須不斷擴展、刪

演講的邏輯就是你有想法，然後把你的想法塞進觀眾的腦子裡。

圖 14-3　演講的邏輯

減，最後才能得出一篇滿意的演講稿。」

「要想順利組織思路，邏輯思維是至關重要的，」穆勒老師說道，「這就要求各位在生活中擴展思維的深度和廣度，遇到問題多思考。例如，當別人都對蘋果手機瘋狂追捧的時候，你就會想，如果當初蘋果公司投資了房地產，或者蘋果公司突然垮掉了，這些瘋狂讚美蘋果公司的專家們，會不會馬上得出和之前相反的結果？」

張時萌舉手示意道：「那我們應該如何鍛鍊邏輯思維呢？」

穆勒老師笑道：「我的建議是養成做讀書筆記的好習慣。當然了，就像我剛才說的蘋果公司的例子，你可以把自己對『瘋狂追捧』行為的見解寫在紙上。遇到優美的句子也要記錄下來。因為很多研究結果都表明，記憶中加入手寫，會無意識地提高記憶。你可能沒背下來要記的東西，但你寫下來，可以透過手、眼、心三方的刺激，深入潛意識，改變說話習慣。」

一個戴眼鏡的女生說道：「是啊，記讀書筆記還能培養你的成就感。就像集郵一樣，幾張郵票不會刺激你集郵，但如果你收集到幾百張，慣性就會讓你繼續下去。同樣，如果你記錄了十幾頁讀書筆記，就會發現自己難以自拔。」

穆勒老師點點頭，說道：「是啊，剛開始，你只是在摘抄優美的句子。漸漸地，你會發現自己已經有所感悟，可以自己寫出邏輯性很強，且能感染人的句子。」

「是的，」一位男同學說道，「我的老師也經常告訴我們，要養成動筆的習慣。用筆寫在紙上，會讓你的思維具象化、條理化，你的表達才會變得條理化。而且，你還可以在整理思路的時候，把別處優美的句子嵌套進去。日

第十四章　穆勒導師主講「邏輯、語言與人際溝通」

積月累，你的說服力就會大大增強了。」

穆勒老師說道：「各位都知道禍從口出。該說什麼，不該說什麼，只要形成了本能，就可能在演講中脫口而出。因此，挑字眼是一個不錯的辦法。我一直認為，邏輯思維能力是可以透過趣味方式來提高的。例如，在讀文章的時候，多挑一下文章中的邏輯問題。」

學生們都摩拳擦掌道：「穆勒老師，跟我們舉幾個例子，讓我們試試吧？」

穆勒老師點點頭：「好吧。我來跟各位說兩段話，各位來比較判斷，哪段話說得不妥。第一段：美國權威調查報告顯示，美國全國範圍內的 MIS 教授的平均薪水為八萬美金。但是，MIS 博士在剛畢業的時候，只能擔任教授裡的助理教授。因此，在美國擔任 MIS 教授的 MIS 博士平均薪水肯定低於八萬美金。」

頓了頓，穆勒老師接著說道：「第二段話是，消費者協會的統計研究表明，今年向消費者協會投訴的案例只有六千萬個，比去年減少了百分之五十，假設法律政策在今年沒有任何變動，廠商對待消費者的服務態度沒有任何改變，又假設所有的消費者投訴必須透過消費者協會辦理。所以這個統計說明，消費者協會的工作有了顯著進步，令消費者的滿意度在今年得到大幅提高。這兩段話，哪個存在邏輯錯誤，請給出理由。」

穆勒老師的話音一落，學生們就紛紛說道：「第一段存在邏輯錯誤，因為太絕對、太片面了。」

穆勒老師笑著說道：「看來各位的邏輯思維能力真是不錯，就像這樣多加練習，在語言上就會減少漏洞，增加自己的說服力。」

第四節　洩密的邏輯讓你魚與熊掌都可兼得

穆勒老師調皮一笑，說道：「各位，是不是有句古話，叫魚和熊掌不可兼得啊？」

學生們都點點頭，張時萌暗想，怎麼這些老師都對中華文化這麼了解。

穆勒老師繼續說道：「傳統觀念認為，事業與家庭是一種『零和遊戲』，只能選擇一頭，沒有辦法兩全，恰如『魚和熊掌不可兼得』。其實不然，如果事業不好，對家庭也會產生影響；如果家庭後院起火，事業也會受到波及。因此，平衡事業與家庭，做到顧此而不失彼，就成為幸福的關鍵。我們生活中有很多這樣的情況。」（見圖 14-4）

「怎麼才能同時得到魚和熊掌呢？」一位男生問道。

穆勒老師想了想，說道：「這麼說吧，在職場中，老闆和下屬的關係通常不會太好。因此，遇到一些難纏的員工，老闆通常會費盡心思與之周旋，畢竟不可能因為出現問題就把對方開除。有些員工為了對自己錯誤的行為進行辯解，常常會給管理者設置一些障礙，甚至用詭辯的方式來責難對方，企圖逃避懲罰。這時候該怎麼辦呢？」

魚與熊掌可兼得

圖 14-4　魚和熊掌

穆勒老師笑瞇瞇地看著學生們，張時萌想了想，說道：「既然是詭辯，其

第十四章　穆勒導師主講「邏輯、語言與人際溝通」

本身就在內容和邏輯方面存在矛盾或局限性，只要管理者抓住其中的漏洞，員工的詭辯就可以被輕而易舉地破解。」

穆勒老師讚許地點點頭，說道：「不錯。我跟各位講個小故事吧。某公司的總務主管最近很頭痛，因為員工裡有個『白目』，總想跟主管對著幹。公司規定是上班期間著裝要整齊，不允許員工穿拖鞋工作。但這個『白目』偏偏穿了雙拖鞋來上班。總務主管發現後，嚴肅地問：『公司三令五申禁止員工穿拖鞋上班，你為什麼還這麼穿？』『白目』反駁說自己沒有穿拖鞋，穿的是皮鞋。」

講到這兒，大家都露出了疑惑的神色。拖鞋和皮鞋還分不出來嗎？

穆勒老師繼續說道：「這時候，辦公室裡所有人的眼睛都集中到『白目』的鞋上：原來，這雙鞋是一雙普通的平底軟皮鞋，只不過，『白目』把這個鞋子的頭部剪掉了，並且把腳趾頭全都露在了外面。這樣一來，這雙皮鞋看上去就跟拖鞋沒什麼兩樣了。『白目』反而很惱火地說：『這難道不是皮鞋嗎？就像一個人的手臂斷了，他還是人，而不是狗！』」

學生們都一愣，是啊，這個「白目」說得好像沒問題。

穆勒老師看著學生們的反應暗自發笑，然後慢條斯理說道：「這個總務主管也愣了一下，然後不緊不慢地說：『你的話好像很有道理，不過，你的辯解是錯誤的。皮鞋之所以是皮鞋而不是拖鞋，最重要的在於皮鞋有頭部是封死的，不會露出腳趾，這就像一個人，如果他最重要的頭部都沒有了，那他還能叫人嗎⋯⋯』」

大家一聽，不由得拍案叫絕。是啊，這個「白目」的詭辯，其實在邏輯推理上是錯誤的。「人斷了手臂還是人，不是狗」這句話是沒錯的，但與「皮

鞋斷了鞋頭部還是皮鞋」並沒有什麼關係。

　　總務主管就敏銳地察覺到這個邏輯錯誤，並且把問題從人的手臂轉移到了人的頭部。總務主管設立了一個同樣邏輯形式的詭辯，把「皮鞋的頭部的功用」跟「像人的頭部一樣」放得一樣重要。既然人的頭斷了就不再是人，那皮鞋頭部斷了也就不再是皮鞋。

　　穆勒老師笑瞇瞇地說道：「仔細聽對方的話語，釐清語言中的邏輯關係，抓住對方的漏洞，這樣才會讓對方輸得心服口服。當然，這些能力來源於生活閱歷。如果要了解別人話語裡的漏洞，就要養成良好的邏輯思維習慣，理性地看待問題，避免感性的認知。只有這樣，才能做到魚和熊掌兼得。」（見圖 14-5）

　　「好了，各位。今天的邏輯學課程就上到這裡了，有緣我們再見。」說完，穆勒老師就在學生們的掌聲中緩緩走下了講台。

仔細聽對方的話語，釐清語言中的邏輯關係，抓住對方的漏洞，這樣才會讓對方輸得心服口服。

圖 14-5　仔細聆聽

第十五章
塔斯基導師主講「如何面對邏輯的生長和變動」

　　本章透過三個小節，詳細為讀者講述應當如何面對邏輯的生長和變動，告訴讀者應當如何培養注意力、觀察力及創造力。只有把邏輯融入生活，才是真正讀懂了邏輯學。因此，作者使用了幽默淺顯的文字，幫助讀者更好地尋覓邏輯思維的真相。本章適用於邏輯思維較弱，且集中力較弱的讀者。

阿爾弗雷德·塔斯基

(Alfred Tarski，西元 1901—1983)

波蘭裔猶太邏輯學家、數學家、語言哲學家，後居美國，執教於加州
大學柏克萊分校。華沙學派成員，廣泛涉獵拓撲學、幾何學、測度
論、數理邏輯、集論、元數學等領域，專精於模型論、抽象代數、代
數邏輯。

第一節　尋覓真相，全神貫注是第一要義

自從穆勒老師講完人際溝通方面的邏輯後，張時萌就覺得自己與人相處
順利多了，而且言談舉止都更加理性、周密。看來邏輯思維對於每個人，尤
其是對於一個律師來說，確實是一件非常重要的事。

張時萌早早來到教室，坐了片刻後，一位鼻子很大的老師笑瞇瞇地走上
了講台。這位老師讓張時萌不由得想到了災難片《2012》中尤里的扮演者祖
塔克·布尼克。

這位大鼻子老師一上來，就喜氣洋洋地做了自我介紹：「嗨，大家午安
啊！我是今天的邏輯學老師，阿爾弗雷德·塔斯基！」

「哦！我知道您，著名的塔斯基不可定義定理就是您發明的！」一位男生
激動地說道。

張時萌沒有聽說過塔斯基不可定義定理，但看著阿爾弗雷德·塔斯基老
師就很淵博，跟那個拳擊手尤里的氣質完全不一樣。

第十五章　塔斯基導師主講「如何面對邏輯的生長和變動」

阿爾弗雷德·塔斯基老師笑著說道：「我不知道各位來上邏輯學的原因是什麼，但想必，每個人都有他喜歡的課程吧？有人喜歡政治，有人喜歡物理，有人跟我一樣喜歡數學。那麼，是什麼吸引了你們，如此喜歡這些課程呢？」

學生們想了想，七嘴八舌地說道：「就是喜歡，感興趣！」

「沒錯，非常好！思想集中才有興趣，我們都知道自己感興趣的科目會讀得更好。」阿爾弗雷德·塔斯基老師對學生們有些敷衍的答案卻顯得特別滿意。

「但興趣可不是培養出來的。只有思想能在某科目上集中，才能產生興趣，可以培養出來的是集中的能力，」阿爾弗雷德·塔斯基老師說道，「無論任何科目，無論這門科目和你的興趣相差多遠，只要你能對之集中思想，就能產生興趣。如果你只拿著書，心不在焉地看幾小時，還不如全神貫注地看上幾十分鐘。認為學習時間不夠的學生，都是因為自己的集中力不夠。就算是你們的高考，每天課後能全神貫注三小時也就足夠用了。」

一個男生有些急吼吼地說道：「阿爾弗雷德·塔斯基老師，應該怎樣培養集中力呢？我就是集中力差。」

阿爾弗雷德·塔斯基老師笑著說道：「要培養集中力也很簡單。首先，要分配時間——讀書的時間不用多，但要連貫，在明知會被打擾的時間就不要選擇讀書；其次，在不想讀書的時候就離開書本，這樣才不會在下次看書時產生煩躁感；最後，不要勉強自己讀書，因為厭書是大忌。」

男生問道：「怎麼才算有集中力呢？」

阿爾弗雷德·塔斯基老師回答道：「要記著，如果你集中在讀書上，會發

現讀書所用的時間是很快的。在讀書前先記下時間，然後開始靜下心來讀書或做功課。當你從讀書中『清醒』出來時，如果發現時間超過了三十分鐘以上，就代表你的集中力已有小成。如果能在每次讀書時都完全忘記外物一小時以上，你就不用擔心你的集中力了。」

張時萌想起了自己的高考時光，不由也感嘆道：「集中力是一種習慣，如果平時就有良好的習慣，平時就注意細節，那任何時候都能高度集中精神。缺乏習慣，要做到集中注意力於一點，就極為困難。」

阿爾弗雷德‧塔斯基老師點點頭表示贊同。一位女生舉手道：「阿爾弗雷德‧塔斯基老師，我平時真的很忙，連休息的時間都很少，又該如何養成習慣呢？」

阿爾弗雷德‧塔斯基老師笑著說：「其實，繁忙才是養成習慣的最佳時刻。你可以這樣：即便碰到不關心的事物，也刻意地注意它。邏輯學上，把這種行為稱為『有意圖的注意』，或者叫『有意注意』。養成這種習慣，就能讓你具備一種能力 —— 一旦需要，就能做出準確的判斷。」

一位男同學說道：「獅子在抓兔子的時候，也總是迅猛出擊，全力以赴。可見，做人做事也應該這樣，即便是小事，即便是細節，或者是你不太感興趣的事，都要全神貫注，全力以赴。不要一邊敷衍看書，一邊心猿意馬，這樣既學不好，又玩不好。」

阿爾弗雷德‧塔斯基老師點點頭，說道：「不錯。此外，具有敏銳的洞察力和深刻的注意力，因而隨時能做正確決斷的人，才稱得上真正有能耐的人物。要做出正確判斷，一是持正確的判斷基準，二是對狀況有深刻的了解。」

第十五章　塔斯基導師主講「如何面對邏輯的生長和變動」

阿爾弗雷德‧塔斯基老師頓了頓，繼續說道：「在生活、工作中訓練，『有意注意』會慢慢變成一種習慣。只有注意力、觀察力和創造力都得到提升，才能培養出你的邏輯思維。」

「阿爾弗雷德‧塔斯基老師，什麼是注意力、觀察力和創造力啊？該怎麼培養呢？」一位女生不由得提問道。

阿爾弗雷德‧塔斯基老師笑了笑：「別著急，這就是我接下來要跟各位講解的內容 ——」

第二節　注意力、觀察力、創造力

阿爾弗雷德‧塔斯基老師繼續說道：「在我教跟各位練習觀察力和注意力的方法之前，先問大家幾個問題吧。各位是不是經常走在大街上，卻對剛走過照面的人失去記憶？忘了他穿什麼樣的衣服，臉上有沒有什麼特徵？是不是想向別人介紹一部電影時，卻說不出來？是不是經常對眼前的事物視而不見？」

看著拚命點頭的學生們，阿爾弗雷德‧塔斯基老師愉快地笑了：「沒事，這些是大多數同學都容易犯的一個毛病，為什麼呢？那是因為沒有養成觀察事物的好習慣。經常進行觀察力的練習可以幫助改善你的注意力。」

剛才的女生說道：「阿爾弗雷德‧塔斯基老師，到底該怎樣練習注意力和觀察力啊？」

阿爾弗雷德‧塔斯基老師笑著說：「首先，你要了解它們的定義。注意力和觀察力，實際上就是一種獲取外界訊息的能力，也是智力的組成部分。一個觀察力很強的人，通常能從細枝末節中發現奇蹟。例如，蘋果落地，還有

水蒸氣掀開鍋蓋，這些都是日常現象，但牛頓和瓦特卻能從中發現和發明萬有引力定律與蒸汽機。而觀察力 ── 」

「就像《福爾摩斯探案全集》一樣。在福爾摩斯第一次與華生見面時，就立刻辨別出華生是一名去過阿富汗的軍醫。福爾摩斯為什麼能夠那麼快地辨別出來面前的這個人就是一名軍醫呢？就是因為他有出色的觀察力！」一個男生打斷了阿爾弗雷德‧塔斯基老師的話。

阿爾弗雷德‧塔斯基老師沒有責怪男生的失禮，反而肯定道：「不錯，正是敏銳的觀察力使得福爾摩斯能夠迅速地辨別出一個人的職業、經歷。福爾摩斯之所以能夠很快地破那麼多案子，決定因素之一就是他敏銳的觀察力。觀察力的敏銳程度決定了從一個人身上得到的訊息的多少。只有敏銳的觀察力才能盡可能多地將一個初次見面的人的訊息更好地把握住。」

剛才的女生著急地說道：「阿爾弗雷德‧塔斯基老師，您快講講，到底該怎樣培養注意力和觀察力吧！」

阿爾弗雷德‧塔斯基老師擺擺手錶示安撫，笑著說道：「好，其實，要鍛鍊注意力和觀察力也很容易。只要從身邊的事物、所處的環境，以及人物的特點著手即可。例如，你突然發現，自己一個朋友的眼睛是內雙；再如，你發現今天路上的車輛突然變少了；又如，你發現後排第二個同學其實是個左撇子，等等。」

「您是說，只要看到這些，就能提高注意力和觀察力嗎？」

阿爾弗雷德‧塔斯基老師笑笑說：「注意力和觀察力是一種用心的行為，而非隨隨便便地『看』。觀察一個樓梯，你可以算它的級數、高低，光是看的話，你可能只是記得：它是一個樓梯。在初練注意力和觀察力時，最好養成

第十五章　塔斯基導師主講「如何面對邏輯的生長和變動」

有意識地觀察。針對一個平凡無常的事物，你應有意地、細微地觀察它所具有的特徵，注意常人難以發現的地方。再有，透過對比也是訓練注意力和觀察力的好方法。」

張時萌點點頭：「不錯，如今天和昨天的家具擺放，以及股市有什麼變化，仔細觀察，然後對未來的趨勢做一個推測。長此以往，便可以訓練出潛意識的觀察能力。對於事物，做到習慣性地觀察，就能培養出優秀的觀察力和注意力。」

阿爾弗雷德‧塔斯基老師笑著表示贊同，然後說道：「至於創造力，則是更高一層的能力。因為創造性思維不是與生俱來的，這是真正透過後天培養而鍛鍊出來的。」

一位看上去有些書呆子氣息的男生問道：「創造力應該怎麼培養啊？」

阿爾弗雷德‧塔斯基老師說道：「培養創造力的主要環節，就是激發人的好奇心和求知慾。只有對事物抱有好奇心和求知慾，才能提高創造思維能力。實驗研究表明，一個好奇心強、求知慾旺盛的人，往往善於鑽研，勇於創新。正因為這樣，好奇心又被稱為學者的第一美德。」

「那麼，培養創造思維能力都要注意些什麼呢？」一個學生問道。

阿爾弗雷德‧塔斯基老師笑著說：「首先，就是加強自主學習的獨立性，保持好奇心和求知慾；其次要增強提問意識，在學習的過程中注意發現問題，提出問題，解決問題；最後要注重思維的發散，在解題練習中進行多解、多變。」

一位女學生說道：「我是學心理學的，我們老師曾說：創造性思維是指思維不僅能提示客觀事物的本質及內在關聯，而且能在此基礎上產生新穎的、

創造性思維是人類的高級心理活動。

圖 15-1　創造性思維

具有社會價值的前所未有的思維成果。」

阿爾弗雷德・塔斯基老師點點頭：「創造性思維是人類的高級心理活動。創造性思維是政治家、教育家、科學家、藝術家等各種出類拔萃的人才所必須具備的基本素質。創造力是在一般思維的基礎上發展起來的，它是後天培養與訓練的結果。」（見圖 15-1）

阿爾弗雷德・塔斯基老師說：「卓別林為此說過一句耐人尋味的話：『和拉提琴或彈鋼琴相似，思考也是需要每天練習的。』因此，只要各位多加練習，就能有意識地培養自己的注意力、觀察力和創造力。」

第三節　將邏輯融入生活，細節要處處留心

阿爾弗雷德・塔斯基老師拍了拍手，說道：「剛才講了這麼多，其實無論是全神貫注，還是注意力、觀察力和創造力，其最後的目的都是為了把邏輯融入生活。」

張時萌問道：「把邏輯融入生活，這些東西融入生活有什麼用呢？」

阿爾弗雷德・塔斯基老師笑著說：「當然，在生活中留心細節，可是十分必要的一件事。跟各位講個故事吧。某公司應徵高級主管，待遇很優厚，應徵者也很多，而且每個人都十分優秀。在走廊的地上，有幾張廢紙被扔在

那兒。但大家都從上面跨過去了，沒有一個人彎下腰把紙撿起來。只有一個人，進門後看見地上的紙屑，皺著眉頭把它們撿起來了。結果，這個人被公司錄取了。」

「這是什麼規定啊？」一些學生有些不解。

阿爾弗雷德‧塔斯基老師笑著說：「這個人之所以能成功入選，不是因為他比別人更優秀，而是因為在生活中能夠留心，素日養成了一個好習慣而已。只有關注細節，在生活中處處留心的人，才能把握住生命中的機遇。因為機遇往往體現在細節中。」

一個男生抱怨道：「這生活中哪有那麼多機遇啊，看都看不見，怎麼抓住呢？」

阿爾弗雷德‧塔斯基老師微笑著說道：「其實機遇就在我們身邊，雖然它可能稍縱即逝，但總是有跡可循。一個有邏輯思維能力的人，會對機遇的來臨特別敏感，只要生活中處處留心，就能找到機遇，抓住機遇。」（見圖15-2）

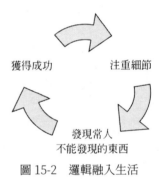

圖15-2　邏輯融入生活

男生撓了撓頭表示不理解，阿爾弗雷德‧塔斯基老師舉了個例子：「曾經，有位年輕人到某公司應徵職員，應徵的職位是物品採購員。面試官經過一番測試後，留下了這個年輕人和另外兩名優勝者。而面試的最後一道題目是：公司派你採購兩千支鉛筆，你需要從公司帶去多少錢？」

阿爾弗雷德‧塔斯基老師頓了頓，接著說道：「第一名應徵者的答案是一百二十美元。主持人問他是怎麼計算的，他說：「採購兩千支鉛筆可能要一百美元，其他雜用就算二十美元吧。」第二名應徵者的答案是一百一十美

元。對此，他解釋道「兩千支鉛筆需要一百美元左右，另外可能需要十美元左右。」對於這兩個答案，面試官沒有給出自己的看法。」

「最後，輪到這位年輕人。他的答卷寫的是一百八點三美元。這位年輕人說：『鉛筆每支五美分，兩千支是一百美元；從公司到這個工廠，乘汽車來回票價四點八美元；午餐費二美元；從工廠到汽車站為半英里，請搬運工人需用一點五美元。因此，總費用為一百八點三美元。』面試官露出了會心的微笑。」阿爾弗雷德・塔斯基老師說道。

阿爾弗雷德・塔斯基老師的話音剛落，張時萌便猜到了：「您說的是大名鼎鼎的卡內基的故事，對嗎？」

阿爾弗雷德・塔斯基老師點點頭：「沒錯，在生活中，我們經常會忽略一些小小的訊息，但只有細微之處才能見真章，就看你夠不夠用心去發掘了。而生活對每個人來說都是平等的，機遇就在這些毫不起眼的細節中等你探索。」

張時萌想到前輩的一句話，於是脫口而出：「最成功的人不一定是最聰明的人，但一定是精明的人，是有眼光看準時機、抓住機遇的人，他不會錯過那條通往成功的密徑。」

阿爾弗雷德・塔斯基老師說道：「沒錯，這句話說得太好了。記得中國在戰國末期，有位偉大的思想家叫韓非子，他在《韓非子・喻老》中，就用『千里之堤，毀於蟻穴』這樣的句子，警告大家注意細節的重要性。」

一位女同學問道：「都說細節很重要，那什

圖 15-3　細節

麼才能叫細節呢？」（見圖 15-3）

　　阿爾弗雷德·塔斯基老師笑著說：「細節，首先的特點就在於小。這就要求各位做事不要好高騖遠，要貼合實際，不要想著一步登天。有句古話，叫『一言興邦，一言毀邦』，雖然有些誇大其詞，但這也說明了細節的重要性。有人聽過『烽火戲諸侯』的故事嗎？」

　　學生們都表示聽過。

　　阿爾弗雷德·塔斯基老師說道：「作為一國之君，周幽王為了博取褒姒一笑，竟然點燃烽火戲耍諸侯。雖然隨後國家的滅亡還有其他的人為原因，但正是『烽火戲諸侯』這個細節，才直接引發了該國的覆滅。諸侯不再相信周幽王，周幽王的話也不再有價值。東漢有一位著名的政治家薛勤曾說過這樣一句名言，叫『一屋不掃，何以掃天下』，這都說明了細節的重要性。」

　　「在現實生活中，細節的重要性更是數不勝數。人們常說『千里之行，始於足下』，這句話的意思也是讓各位注意，萬丈高樓平地起。很多時候，都是看花容易繡花難，很多事情的成功都體現在細節的功夫上。沒有腳下一步一步的行走，就沒有千里之外的目的地。」

　　學生們若有所思地點了點頭，阿爾弗雷德·塔斯基老師笑瞇瞇地說道：「好了，各位，今天的課程就上到這裡了。希望大家都能透過邏輯思維讓生活更美好！」

　　大家拚命地鼓掌，送別了這位可敬的邏輯學家。

第三節　將邏輯融入生活，細節要處處留心

第十六章

馮紐曼導師主講「邏輯怎樣定義全世界」

　　本章透過三個小節，為讀者講解邏輯應當如何定義全世界，講解腦力激盪的作用。本章是全書的最後一章，閱讀全書後，讀者的邏輯思維也會有一定的提高。因此，作者使用輕鬆幽默的文字，與讀者一起徜徉在邏輯學的海洋。本章適用於創新能力與開發能力較弱的讀者。

約翰・馮紐曼

(John von Neumann， 西元 1903—1957)

原籍匈牙利，布達佩斯大學數學博士。二十世紀重要的數學家之一，在現代電腦、賽局論、核武器和生化武器等領域內的科學全才之一，被後人稱為「電腦之父」和「賽局論之父」。

先後執教於柏林大學和漢堡大學，西元 1930 年前往美國，後入美國籍。歷任普林斯頓大學、普林斯頓高級研究所教授，美國原子能委員會會員，美國全國科學院院士。早期以算子理論、共振論、量子理論、集合論等方面的研究聞名，開創了馮紐曼代數。

主要著作有《量子力學的數學基礎》（西元 1926）、《電腦與人腦》（西元 1958）、《經典力學的算子方法》、《賽局論與經濟行為》（西元 1944）、《連續幾何》（西元 1960）等。

第一節　腦力激盪連接起邏輯思維的奇妙世界

　　不知不覺，今天已經是最後一堂邏輯學課了。張時萌帶著期待和不捨，早早來到了教室。

　　一進教室，張時萌就看見講台上有一個西裝革履的老師在備課，而學生們也都早早地到了教室。兩個男生正在興奮地討論著一個名字 —— 馮紐曼。

　　馮紐曼？張時萌仔細想了想，哦！他是二十世紀重要的數學家之一，也是「電腦之父」和「賽局論之父」。沒想到，今天竟然是他來壓軸。

第十六章　馮紐曼導師主講「邏輯怎樣定義全世界」

馮紐曼老師看了看滿堂的學生，笑瞇瞇地說道：「大家今天來得真早，太給我面子了。我是今天各位的邏輯學老師，約翰・馮紐曼。」

一個男生激動地說道：「您就是我的偶像啊！我是電腦專業的，您是我們心裡的傳奇人物！」

馮紐曼老師謙虛地笑了笑：「請別這麼說，我並沒有那麼厲害。你應該知道中國有句古話，叫『三個臭皮匠，頂個諸葛亮』，你們比臭皮匠肯定是睿智多了，我也不如諸葛亮神機妙算。因此，各位只要出三個人，就能比我睿智了。」

大家都笑了，氣氛十分輕鬆。

但是男生搖了搖頭：「您在邏輯學、電腦和數學方面取得太多成就了，我們怎麼能跟您比呢？」

馮紐曼老師笑著說：「怎麼就不能比呢？只要運用腦力激盪就可以了！」

一位女同學有些疑惑：「什麼是腦力激盪啊？」

馮紐曼老師笑著說：「當一群人，對於一個特定的領域集思廣益，並產生新的觀點時，這種情境就稱為腦力激盪。其實，腦力激盪是很好用的。由於群體討論時，腦力激盪沒有規則的束縛，人們能更自由地思考，也更容易進入思想的新區域，因此能得到更多的解決方案。」

「腦力激盪沒有規則嗎？」

馮紐曼老師回答道：「不可能完全沒有規則，世界上沒有這麼絕對的事情。腦力激盪必須堅持當場不對任何設想做出評價的原則。不能肯定也不能否定，也不能發表評論性的意見。當參與者有新觀點時，就大聲說出來。這樣做一方面是為了防止評判約束與會者的積極思維；另一方面是為了集中精

力先開發設想，避免把應該在後階段做的工作提前進行，影響創造性設想的大量產生。」（見圖 16-1）

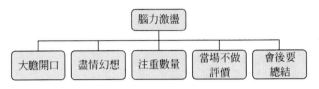

圖 16-1　腦力激盪

一位男同學讚歎道：「真不錯啊，腦力激盪沒有框架的限制，所以參與者的思想就能放鬆自由，就能從不同的角度展開大膽的想像，肯定會有很多標新立異、與眾不同的想法被提出來。這也是一種集體開發創造的思維方法啊。」

馮紐曼老師笑著說：「不錯，腦力激盪可以分為直接腦力激盪和質疑腦力激盪。直接腦力激盪是在專家決策基礎上，盡可能發揮想像力，產生更多設想；質疑腦力激盪則是對前人提出的設想逐一質疑，繼而發現可行的方法。」

一個女生有些懷疑地問道：「可是，說得多不如說得精，我還是覺得由專家討論出來的結果會更有用。」

馮紐曼老師搖搖頭：「專家也經常進行腦力激盪，但跟你說得恰恰相反。腦力激盪的目標是獲得盡可能多的設想。所以，相比追求質量，它更要求數量。腦力激盪要求每名參與者都抓緊時間思考，多提出自己的想法。討論的核心目的就是一網打盡所有可能的觀點，濃縮觀點清單是以後的事情。如果腦力激盪結束時有大量的觀點，那麼發現一個非常好的觀點的機率就會大大增加。至於質量如何，可以留到結束後討論。」

女生接著問道：「那為什麼不允許評價呢？有些不可行的內容，直接說不

行不就好了嗎？為什麼還要費功夫記錄下來呢？」

　　馮紐曼老師說道：「你想想看，腦力激盪要求集思廣益，數量越多越好。由此可見，它是一項高耗能的活動。對觀點進行即時的評估，一定會占用珍貴的腦力，而且影響參與者的心情。為什麼不把腦力用在更有價值的觀點產生上面呢？」

　　馮紐曼老師接著說：「腦力激盪作為一種極為有效的思維方法，其創造性活動可謂是意義非凡。但說到出主意，大家都是閉嘴容易張嘴難。因此，一個異想天開的方法就極為難得。」

　　「異想天開不就是幻想嗎？這有什麼難得的呢？」

　　馮紐曼老師笑著說：「舉個例子吧。一家蛋糕廠為了提高效率，對『如何讓核桃裂開但不破碎』的觀點開了一次小型腦力激盪會議。會議上，大家提出了上百條想法，其中有一個人說：『培育一個新品種，這種新品種在成熟時，自動裂開。』大家都覺得是天方夜譚，但有人利用這個異想天開的思路繼續思考，想出了一個簡單有效的方法：在外殼上鑽一個小孔，灌入壓縮空氣，靠核桃內部壓力使核桃裂開。問題解決。」

　　看著學生們贊同的神色，馮紐曼老師趁熱打鐵道：「所以，越瘋狂的點子，就越要給予鼓勵。不要害怕，只要你腦中有閃過的想法，就大聲說出來吧。不管可不可行都說出來，看它能引出什麼超讚的點

在腦力激盪中，說出來的點子，就是好點子。

圖 16-2　想出點子

子。在腦力激盪中，說出來的點子，就是好點子。」（見圖 16-2）

第二節　　被打開的「心鎖」

馮紐曼老師調皮一笑：「對了，我昨天看了一部電視劇，裡面的男主角對女生說：『是你打開了我的心鎖。』這句台詞也讓我感動了很久。」

大家都露出壞笑的神色，馮紐曼老師正色道：「其實，我也有心鎖，各位也有。我們的心鎖，其實就是我們的固有思維。邏輯學，就是一把能打開心鎖的鑰匙，讓我們不再被傳統的思維所束縛，讓我們的生活更美好。」（見圖 16-3）

圖 16-3　心鎖

「您好像邏輯學的業務員，」一個女生笑著說道，「您能跟我們舉個例子嗎？」

馮紐曼老師笑著說道：「當然可以。有兩個人去森林打獵，正在全神貫注之際，一隻大黑熊朝他倆跑過來。兩個人都驚慌失措了，但其中一人很快冷靜下來，並且蹲下把鞋帶繫好。另一人驚訝地問：『你把鞋帶繫好有什麼用？你以為你能跑過這麼大的黑熊嗎？』繫鞋帶的人說道：『當然跑不過，但我只要跑過你就行了。』說完就跑遠了。」

大家都笑了，好絕情，但是卻很有道理。

第十六章　馮紐曼導師主講「邏輯怎樣定義全世界」

馮紐曼老師接著說道：「故事有點偏離主題，但是道理是一樣的。如果學好邏輯學，就能在殘酷的生存競爭中，知道誰才是你真正的競爭對手。有時候，不一定讓你做得比敵人好，但至少要比其他同事強。」

張時萌開口道：「我知道在阿爾及爾地區的卡拜爾，有一種猴子非常喜歡偷吃當地農民的稻米。當地農民就根據猴子的貪婪，發明了一種捕捉猴子的方法。農民在細頸瓶裡裝滿稻米，綁在樹上。猴子看見瓶子裡的稻米非常高興，就伸爪進去抓稻米。但是它抓滿稻米就意味著握緊拳頭，爪子也就拔不出來了。猴子貪婪，不放開稻米，只能等著人們把它抓走。」

另一個學生說道：「這有什麼啟示呢？人比猴子要聰明多了。」

張時萌點點頭：「是啊，人自然比猴子要聰明。但如果把稻米換成金錢、美女和權力呢？恐怕上當的就是人了。」

馮紐曼老師笑著點點頭：「不錯，從故事中發現對自己有益的啟示，這就是邏輯學美妙的功效。我也聽過一個故事：一天，狼出去找食物，找了半天一無所獲。當它經過一戶人家時，聽到一個老婦在哄哭鬧的孩子：『別哭了！再哭把你扔出去餵狼！』於是狼大喜，蹲在窗戶底下等著。過了很久，老婦也沒有把小孩兒扔出去。剛準備站起來看看裡面什麼情況時，只聽見老婦又說：『乖，快睡吧，狼要是敢來，我就用手裡的斧頭砍死它。』」

大家都笑了，表示聽過這個故事。馮紐曼老師說道：「有時候，別人只是信口開河，但說者無意，你卻聽者有心，信以為真，全然不知人家只是說說而已。自己一驚一乍，胡亂猜想，亂了陣腳，甚至連正常的工作和生活都因為別人的話而改變了，簡直是得不償失。如果你懂一點邏輯學，就不會在這種痛苦之事裡沉淪不前了。」

「那我們應該如何提高自己的邏輯能力呢？」

馮紐曼老師笑著說：「之前的邏輯學老師們也跟你們說了吧？每個人提高邏輯思維能力的方法都不同，但歸根結底都是一樣的。對我來說，我會提高自己的記憶方法。因為只有記憶力提高，才能讓別的能力同時提高。」

「怎樣才能提高記憶力呢？」

「首先改變你的記憶方式，」馮紐曼老師說道，「其實，圖像記憶法和理解記憶法加上死記硬背，就能相當程度提高你的記憶力。圖像記憶法是從眼睛提高，讓你有印象；而死記硬背的作用則是提高你的辭彙量，保證你在跟同一領域的人交流時，能夠沒有障礙。只有當你的辭彙量達到一定程度並基本涵蓋你所處的領域時，才能進一步提高你的邏輯思維能力。」

「您能具體點告訴我們怎樣做嗎？」一位男同學撓了撓頭髮說道。

馮紐曼老師點點頭：「你可以每天問自己十個問題，這些問題可以是書本上的，也可以是現實生活中的。問完之後，你要嘗試回答問題，並把答案在大腦中變成圖片。這時，你就擁有了提高邏輯思維能力的能力了。」

「除了記憶力的培養外，還要注意加強自己的因果聯想能力，」馮紐曼老師說道，「由於我們日常工作都有連續性的特點，從邏輯學上看，這些關聯就是記憶活動的基礎。你完全可以根據眼前的事推出一些之後會發生的事，然後預先做出判斷。也就是說，每當我們需要解決某件事時，不妨先認真分析其因果關係。慢慢地，你就會發現自己解決問題的能力有了很大的提高。之後，你就會更加胸有成竹地判斷和解決日常工作和生活中的難題了。」

學生們贊同地鼓起掌來。馮紐曼老師接著說：「其實，我們每個人都有很大的潛力，而邏輯就是打開潛力的金鑰匙。下面，我來跟各位具體講解一下──」

第十六章　馮紐曼導師主講「邏輯怎樣定義全世界」

第三節　運用邏輯這把「金鑰匙」打開你的潛力

馮紐曼老師繼續說道：「很多人都感覺邏輯是虛無縹緲的東西，也不知道邏輯學到底有什麼意義。邏輯學既不像藝術那樣陶冶情操，又不像科學和數學那樣精確。但邏輯學卻貫穿於工作和生活中，只要你發現邏輯學的魅力，就會難以自拔。」（見圖 16-4）

邏輯學貫穿於工作和生活中，只要你發現邏輯學的魅力，就會難以自拔。

圖 16-4　金鑰匙

張時萌舉手道：「我知道邏輯學對個人很有用，但對社會發展有什麼意義呢？」

馮紐曼老師點點頭：「當然。就拿科學和數學來說吧，這兩個是推動社會發展的學科，論證的工作量非常大。因此，它們特別需要分工協作。若想讓人與人之間的溝通沒有障礙，就需要強烈的邏輯性語言，才能讓彼此了解對方的意思。用那種詩情畫意的藝術語言是行不通的，因為會導致『仁者見仁，智者見智』。所以，邏輯學在裡面的作用就是規範語言，消除言辭之爭，把知識建立在公理上。」

「哦！我明白了，」張時萌點點頭說道，「有了公理，全世界的人就能一起想問題了。就算你是英國人，他是美國人，我是中國人，雖然我們說著不同的家鄉話，但我們學得是同樣的數學、同樣的物理、同樣的化學。我們研究出的結果，你們也可以拿去作為工具研究。近代的科學走向發達，邏輯學

功不可沒啊！」

馮紐曼老師笑著說道：「不錯。如果你不懂邏輯，就會讓自己吃虧。例如，中國有部《韓非子》，裡面有這樣一個故事。一個楚國人，既賣矛，又賣盾。他先誇自己的盾很堅硬：『世上沒有任何東西能刺穿我的盾。』然後又誇自己的矛：『我的矛能穿破任何東西。』於是有人質問他：『用你的矛，去刺你的盾，會怎麼樣呢？』」

大家都笑了，「以子之矛，攻子之盾」的故事，是孩子們自小就耳熟能詳的故事。

馮紐曼老師說道：「自然，楚人是無法回答這個問題的。我們嘲笑這個賣矛與盾的楚國人，但其實，我們在生活中經常做這個可笑的楚國人。一方面，家長強烈要求學校對孩子進行素質教育；另一方面，他們又十分注重孩子的考試成績如何。一方面，我們罵那些以權謀私的特權者；另一方面，我們又強烈地渴望成為特權者。」

大家都沉默了，馮紐曼老師說得沒錯，生活中自相矛盾的事情太多。

一位女同學舉手問道：「馮紐曼老師，那我們能運用邏輯解決一些問題嗎？邏輯學的實用性有什麼呢？」

馮紐曼老師想了想，說道：「我跟各位講個故事吧。著名作家馬克‧吐溫在某次酒會上，對記者說道：『美國國會中有些議員是蠢才。』後來，他不得不在《紐約時報》上刊登道歉啟事。這篇道歉啟事很有意思，他說：『美國國會中有些議員不是蠢才。』這是一個極具邏輯性的回答。這個結構是否定判斷，從判斷關係中可知『有些 X 是 Y』與『有些 X 不是 Y』是同真的。也就是說，他這兩句話都是真的，不存在誰推翻誰。這樣，馬克‧吐溫就在所謂

第十六章　馮紐曼導師主講「邏輯怎樣定義全世界」

的道歉啟事中，既不違背自己的意願，又給了對方一個答覆。」

張時萌想了想，也給出一個例子：「有一次，我表姐去時裝店買衣服，問售貨員：『這件時裝是現在最時髦的款式嗎？』售貨員說：『是的！這是現在最流行的時裝！』我表姐說：『太陽曬了不會褪色嗎？』售貨員肯定地說：『當然！這件衣服在櫥窗裡都掛了三年了，到現在還像新的一樣。』這個售貨員的回答就是自相矛盾的。我表姐就是運用邏輯學來試探生活中的真假，繼而揭穿謊言。」

馮紐曼老師讚歎道：「很多時候，女人的智慧更讓人由衷敬佩。在《福爾摩斯》中，有一段對福爾摩斯斷案的細節描寫也十分引人入勝。『這是一件謀殺案。兇手是個男人，他六尺多高，正當中年……穿著一雙粗皮方頭靴子，抽的是印度雪茄煙。』我（華生，福爾摩斯的助手）說：『福爾摩斯，你真叫我莫名其妙。剛才你說的那些細節，你自己也不見得像你假裝的那樣有把握吧。』『我的話絕對沒錯。』『……其中一個人的身高你又是怎樣知道的呢？』」

馮紐曼老師看了看同學們疑惑的表情，揭開了謎底：「『一個人的身高，十有八九可以從他步伐的長度上知道。我是在黏土地上和屋內的塵土上量出那個人步伐的距離的。接著我又發現了一個驗算我的計算結果是否正確的辦法。大凡人在牆壁上寫字的時候，很自然會寫在和視線相平行的地方。現在壁上的字跡離地剛好六尺。假若一個人能夠不費力地一步跨過四尺半，他絕不會是一個老頭子。小花園裡的通道上就有那樣寬的一個水窪，他分明是一步邁過去的，而漆皮靴子卻是繞著走的，方頭靴子是從上面邁過去的。我還從地板上收集到一些散落的煙灰，它的顏色很深而且是呈片狀的，只有印度雪茄的煙灰才是這樣的。』」

　　大家都對福爾摩斯產生了由衷的敬佩，敬佩之餘，也不由感嘆邏輯學的精妙偉大。

　　「邏輯學對於生活來說，就像是生命之源，飯菜之鹽。如果生活中沒有了邏輯，就像是生命失去了規則和定律一樣混亂，就像每日食之無味的飯菜讓人胃口大減。邏輯也有點像隨處可見的水，不顯眼，很容易被忽略，但人人都離不開它。希望各位都能運用好邏輯學這把『金鑰匙』，讓邏輯學打開各位的潛力之門！」

　　學生們紛紛站起來，用最熱烈的掌聲送別了這位可敬的邏輯學家，張時萌的掌聲尤其響亮。在大家的掌聲中，馮紐曼老師鞠了一躬，走下了講台。

邏輯學哪有這麼難

零艱澀理論，零刻板教條，十六位邏輯大師用最幽默的生活語言道出最深奧的邏輯學

作　　者：齊露露

發 行 人：黃振庭

出 版 者：崧燁文化事業有限公司

發 行 者：崧燁文化事業有限公司

E-mail：sonbookservice@gmail.com

粉 絲 頁：https://www.facebook.com/
　　　　　sonbookss/

網　　址：https://sonbook.net/

地　　址：台北市中正區重慶南路一段六十一號八
　　　　　樓 815 室

Rm. 815, 8F., No.61, Sec. 1, Chongqing S. Rd., Zhongzheng Dist., Taipei City 100, Taiwan

電　　話：(02) 2370-3310

傳　　真：(02) 2388-1990

印　　刷：京峯彩色印刷有限公司（京峰數位）

律師顧問：廣華律師事務所 張珮琦律師

國家圖書館出版品預行編目資料

邏輯學哪有這麼難：零艱澀理論，零刻板教條，十六位邏輯大師用最幽默的生活語言道出最深奧的邏輯學 / 齊露露著 . -- 第一版 . -- 臺北市 : 崧燁文化事業有限公司 , 2022.03
　　面；　公分
POD 版
ISBN 978-626-332-063-5(平裝)
1.CST: 邏輯 2.CST: 通俗作品
150　　　111001338

─版權聲明 ────────────

原著書名《逻辑学原来很有趣：16 位大师的精華课》。本作品中文繁體字版由清華大學出版社有限公司授權台灣崧博出版事業有限公司出版發行。

未經書面許可，不得複製、發行。

定　　價：360 元

發行日期：2022 年 03 月第一版

◎本書以 POD 印製

電子書購買

臉書